死者と先祖の話

JN158139

山折哲雄

角川選書
595

死者と先祖の話　目次

第五章　往生と看取り

第六章　死と生

序の長詩

たたかいに敗れたとき
　先祖のことを思っていた
カミやホトケの声をきく前に
　先祖の魂に呼びかけ
　　語りかけていた

それが暮らしの軸
危機迫るときの命綱

大地が振動するときも
天空に大風が吹き
　狂風が乱れ騒ぐときも

そうだった

眼前に立つのは　いつも
先祖の面影　先祖の匂い

身に災いが及ぶときも
　変わりがなかった
すべてを捨てても
先祖の位牌《いはい》を携え　写真を抱えて
逃げた
逃げた
先祖の足跡を追い　先祖の記憶を手がかりに
　困難に耐えた
先祖への郷愁　先祖たちへの
　はるかなる敬礼

柳田国男《やなぎたくにお》も

第二次世界大戦のたたかいに敗れたとき
『先祖の話』を書きつづけていた
この列島に住みついた先祖たちの
　その姿を明らかにしようとしていた

故郷の再生を願う
荒廃に帰した国土を救いたい
　それなしには　生きていけない
そう信じたからだった

先祖とは何か
　死者がこの世に復帰した　そのままの姿だ
鎮魂と慰霊をへて蘇《よみがえ》った
　尊厳を　とりもどした死者の姿だ
死者への痛哭《つうこく》を通して
　死者そのものが再誕した
　聖なる存在だ

ああ　先祖が今日　危機にさらされている

社会の変動　人心の定めなき浮遊
先祖の座標軸が揺らいでいる
　そう　人はいう

ほんとうに　そうか

高齢社会の出現　多死社会の到来
先祖は過去の遺物になった
　そう　人はいう

ほんとうに　そうか

先祖は　みればすでに　他者の葬列に追いやられている
　他者の瓦礫《がれき》の片隅に放りこまれている

埋められることもなく
焼かれることもなく
ただ捨てられている
　ただの死者難民として
　　ただの死者漂流民として

冷たい　乾いた　一切語ることのないムクロ

死者から他者への一直線の道
　一方通行の道
死者から先祖への一筋道が
　もう見えない

他者の横行
死者の漂流

先祖が　死者と他者に引き裂かれ
死者が他者と他者のあいだ　股裂きの目にあっている

死者たちよ　今　いずこ
先祖たちよ　今　いずこ

死者が見えない
先祖が見えない

他者だけが見える
他者だけの我がもの顔

死者たちを　この世に送り届けるため
　この本を書いた
先祖たちを　この手にとりもどすため
　この一冊を書いた

第一章　戦後と東北

『死者の書』と『先祖の話』

この国に暮らしていると、古い地層からの声がひびき、得体の知れない郷愁に誘われることがあります。それで妄想がわきます。こころが洗われていきます。死者たちと対話を重ね、先祖たちと言葉を交わしている自分に出会います。

だが、目を転ずると、戦没者の遺骨帰還がいまだに国の責務とされ、大きな事業となっていることに気づきます。海外の未帰還遺骨はなお百十三万柱であるという。沖縄県糸満《いとまん》市摩文仁《まぶに》の平和祈念公園では、太平洋戦争末期の沖縄戦の戦没者を悼む「慰霊の日」の六月二十三日に、県主催の「沖縄全戦没者追悼式」がおこなわれました。遺族ら約四千九百人が参列し、不戦の誓いを新たにしました。このとき翁長雄志《おながたけし》知事の平和宣言と安倍晋三《あべしんぞう》首相のあいさつがあったことはいうまでもありません。

政治や政局の節目になると、ときの首相や大臣たちがしばしば墓参りと称して故郷に錦を飾る行事も、この社会ではもう当たり前のしきたりになっています。かと思うと、東京の千鳥《ちどり》ヶ淵《ふち》戦没者墓苑では、第二次世界大戦中に海外などで亡くなった身元不明の戦没者を慰霊する厚生労働省主催の拝礼式が、五月二十九日におこなわれた。ことしは新たに遺骨二千四百五十三柱が納骨され、これまでのと合わせると三十六万七千三百二十八柱になるといいます。

　さきごろ、驚かされたことがあります。夫が亡くなったあと、その妻たちが義理の父母らと縁を切る「死後離婚」の訴えが多くなっているというのです。ここ十年ぐらいのあいだに一・五倍にも増えていて、そのほとんどが介護のことはもちろん先祖からのお墓を守ることに不安を感ずるようになったからだという。そのような傾向ときびすを接するように、遺骨の改葬や再埋葬の事例も増えるようになりました。

　気がつくと、この社会ではいつのまにか

　　家族葬　直葬　樹木葬　散骨葬

という言葉が飛び交うようになっていた。

　　遺骨漂流　無墓時代

の声まであがるようになっていました。

　人口減少社会、少子高齢化社会からはじまって、多死孤独死社会、家族分散多元化社会とつづき、はては地方消滅、寺院消滅、無墓時代の到来と、言葉の激震になすところなくふりまわされるようになっているのではないか。

　まさに、戦後七十年です。敗戦のときから七十年以上も経って、ようやくみえてきた光景でした。われわれはあの悲惨な焦土から何とか立ち直り、今日の経済的な繁栄を手にすることができました。しかしその戦争から七十年、実際はどうだったのか。われわれは何を失ない、何を得たのか、あらためて問われるところにきているのではないでしょうか。

そのようにふり返るとき、私の眼前には、二つの忘れがたい先人の仕事が自然に浮かびあがってきます。あの戦争の記憶が、まるで磁石のようにその二つの仕事を私の足元に吸い寄せ、運んでくれたようでした。それが

折口信夫《おりくちしのぶ》の『死者の書』（昭和十八年〔一九四三〕刊行）
柳田国男《やなぎたくにお》の『先祖の話』（昭和二十一年〔一九四六〕刊行）

の二冊の本でした。まさに、この国の「死者」と「先祖」をめぐる二つの物語、と私の目には映ったのです。折口信夫の『死者の書』は『先祖の話』といい換えてもいい。同じように柳田国男の『先祖の話』もむしろ『死者の書』と読み換えてもいい、そう思ったのです。それほどに、柳田の「先祖」と折口の「死者」のあいだには親近な関係があるように思ったのです。

この日本列島に住みつづけてきたわれわれの親たちは、それまでの先祖たちをどのように考えていたのか、またこの地の山野で生き、そして死んでいった先祖たちをどのように敬い、どのように葬ってきたのか、そのような陰影のある問題に惹《ひ》きつけられるようになったのです。

身捨つるほどの祖国はありや

敗戦の年、私は旧制中学の二年でした。それまでの私は比較的まじめな軍国少年だったが、それ以後はいつのまにかグレだしていて、教師から鉄拳制裁を受けることが多くなっていました。その少年のころからどれくらいの時間が経ったのか。寺山修司《てらやましゅうじ》の歌に出会って、心が震えるような衝撃を受けたことを思いだします。

マッチ擦るつかのま海に霧ふかし
　身捨つるほどの祖国はありや

東北なまりをつよく響かせる作者がこの歌をつくったのは二十三歳のとき（『空には本』昭和三十三年）、私の方はすでに二十七歳になっていたのです。

この自分にも、身を捨てるほどの祖国はあるのかという問いが、一気に押し寄せてきたことを覚えています。祖国のために犠牲になることがお前にできるのか、という問いでした。とっさに否定することも、確信をもって肯定することもできない、中途半端な自分がそこにいたのです。そんな私にとって、死者というのはまだまだ遠い存在でした。

それから半世紀が経ちました。新幹線が開通して東京オリンピックの花火が打ち上げられ大阪万博が開かれ、右肩上がりの時代がはじまっていました。が、それもつかのま、やがてバブルがはじけて低成長の時代が足早にやってきた。私はすでに還暦の季節を迎えていましたが、あるとき次の世代の若い何人かにむかって問いかけたことがありました。「国のために命を捨てることができるか」と。寺山修司がうたう「祖国はありや」の問いを、そこに含めたつもりでした。

ふと思いついた軽口だったかもしれません。けれども積年の思いがそこにこめられていないわけではなかった。その場に一瞬、沈黙が流れましたが、居あわせた全員からは、そんな気分になったことはほとんどない、という主旨の答えがただちに返ってきたのです。半ば予想していたことではありましたが、一呼吸おいて、ふたたびたたみかけてみたのです。「それでは、何のためなら命を捨てることができるのか」と。気まずい空気が流れたようでしたが、返ってきたのは異口同音に、「家族のためなら、できるかもしれない」、けれども国のために犠牲になるなど、真っ平ご免、というものだったのです。そのとき私は、心のうちで、それでは国のために犠牲になった戦死者たちのことを、今どう思うのかとつぶやいていたのですが、さすがにそのことを口にだしていう勇気はありませんでした。

私などもいざとなれば犠牲という言葉の前に怖《お》じけづいて、かれらと同じようなことをいうかもしれないと思っていたからです。国とか祖国とかいう言葉の前で、それこそ言葉もなく怖じけづいていたのでしょう。それにしても、国とか祖国という言葉のもつ重さはいったいどこからくるのでしょうか。だんだんそれが、黒い霧のように頭上にひろがっていくようでした。それからまた、時が経ちました。

このところ、私は老人フリーターの境遇を楽しむようになっているのですが、ときには自治体や企業の研修会などに呼ばれて話をすることがあります。そんなある席でのことでした。四十代から五十代ぐらいの若い人々にむかって、右にいったのと同じ質問をぶつけてみたのです。返ってきた答えはさきのとほぼ同様のものだったのですが、そのとき四十代前後の中堅幹部の女性の手があがりました。きいてみると、「いくら家族のためとはいっても、ただ夫のためにはちょっと……」といい淀《よど》んでいる。待っていると、「ただ、もしも子どもが生まれたら、その子のためになら命を捨ててもいいかもしれない」と発言したのです。

とたんにその場には、自嘲ともいえるような微苦笑のさざ波が立ったのですが、いつのまにかわれわれの社会は、次世代のための国づくり、という方向に変わりつつあるのかもしれない、と思ったのでした。とすると、あの死者たちや先祖たちとともに育んできた「ふるさと」の風土、郷愁と悔恨の祖国への思いはこれからさきどのような運命をたどることになるのか。身捨つるほどの祖国はありや、の痛烈な挽歌《ばんか》の前で姿を消していくのでしょうか。

東北——変わりゆく挽歌

東日本大震災から六年、いまわれわれは挽歌の季節を迎えているのかもしれません。復興が遅々として進まないなかで、死者への思いがますますつのっているからです。

挽歌とは、もともと死者というよりも、死者の魂にむかって語りかける心の叫びだった。それが古代万葉人の作法であり、先祖たちの日常における暮らしのモラルでした。だが今日、もはやわれわれは死者の魂の行方にリアルな想像力をはたらかせることができなくなっています。遺体という死の現実を前にして、ただ呆然《ぼうぜん》と立ちすくんでいるだけではないでしょうか。

もっとも人々は、死者を祀《まつ》る仏壇の前で掌《てのひら》を合わせ、遺影を見上げて死者の面影をさぐる。位牌《いはい》や遺骨、そして海辺に打ち上げられる流木などにも死者の気配を感じ、神経を集中する。ときには夢の中にそれを求め、一瞬の安らぎを覚えることもあるでしょう。雪や雨、そして目に見えない放射能の中にさえ死者の身じろぎを感じているはずです。

苦しみの一年が過ぎ、悲しみの一年がつみ重なっていくうちに、野をわたる風が死者の声を運んでくれる。山中の樹林のあいだに亡き人々の姿が立ちのぼる。日に輝く海のかなたからも、なつかしい人の言葉がきこえてくる。われわれが発したはずの挽歌の声が、まるでブーメランのように死者の側から逆にとどけられる。それがまた、癒《いや》しの循環をつくりだす、そういうこともあるでしょう。

けれども以前、「日本の歌はもはや空を飛ばなくなった」といったのが阿久悠《あくゆう》さんでした。あの3・11以後のわれわれの挽歌が、何となく弱々しく感じられるようになったのもそのためかもしれません。

その阿久悠さんが昭和五十九年（一九八四）につくったのが「北の螢」で、それをうたう森進一《もりしんいち》さんの声をきいたとき、これこそまさに現代日本の心をつらぬく挽歌ではないかと、私はわが耳を疑ったほどでした。

出だしがいい。「山が泣く　風が泣く　少し遅れて　雪が泣く」。情の深い女が男を追って雪の北国のはてまで流離していく話です。そして、つづく。「もしも　私が死んだなら　胸の乳房をつき破り　赤い螢が翔《と》ぶでしょう」。「赤い螢」が燃える魂となって飛んでいくはげしいイメージでした。

ホーホー　螢　翔んで行け
怨《うら》みを忘れて　燃えて行け

死のまぎわに生きる魂が北にむかう真っ赤な螢となって燃えている。生にふみとどまる者の祈りの言葉と情の深さが、空を飛ぶ挽歌の言葉を生き生きと蘇《よみがえ》らせているといっていいでしょう。

私は三年前、石巻市《いしのまき》を再訪して大川小学校の前にたたずんだときのことが忘れられません。３・11の直後にはじめて訪れたときは、そこはガレキの山に覆われ、まさに賽《さい》の河原というしかない荒涼とした光景をさらしていました。

けれども時をへだててふたたび訪れたときには、旧校門前に親子地蔵尊が祀られ、参詣者たちが唱える御詠歌と般若心経《はんにゃしんぎょう》の声が天空にひびきわたっていました。それが古代万葉人の挽歌の調べとなって、私の魂を揺り動かしたのです。

あれから、もう六年の時間が流れました。しかし大地が揺れ、津波が襲ってきてから、わわわれの社会では、いったい何が変わったのでしょうか。

何よりも、災害記憶の風化がはじまっている。「東北」忘却の勢いに加速がつきはじめている。とりわけ激震地、荒廃地の周辺からは、ヒトやモノやカネの流れが引き潮のように遠のいていく……。

非情の歳月が演出する、どうしようもない変化です。それはもちろん予測されていた変化でした。誰もが心の奥底である程度は覚悟していたことだった。

でも不思議なことに、そこには同時に思いもかけない衝撃的な変化がともなっていた。それに、三つあります。一つは、見守る側と見守られる側のあいだの壁が急速にとりはらわれていった変化ではないでしょうか。

悩みや苦しみを訴える者とそれをただ聴くほかはなかった者のあいだのへだたりが、だんだんみられなくなった。介護する者、それを受けとる者のあいだの不均等な関係が崩れていったともいえる。そのことが、被災した宗教者たちの苦悩と迷いの告白のなかにもにじみでるようになったからです。衆生病《しゆじよう》む、ゆえにわれも病む、です。そのような光景がみられるようになりました。

第二が、生き残った者たちの前に死者たちの生々しい声や姿が立ちあらわれはじめたという変化です。深く傷ついた被災地の人々は、そのような死者たちの声や姿に接して、それをもはや幻想とか幻覚とかいう言葉におきかえようとはしませんでした。

幻想とか幻覚とかの言葉は、そもそもこの世には存在しないものを実在するかのように錯覚する現象を指すものでした。だが被災地にあらわれる幽霊や、海や山のかなたからきこえてくる声や呼びかけは、もはやけっしてたんなる幻でもなければ、かりそめのイメージでもありません。

それは家族の肉声そのものであり、生者の、隣人のリアルな姿でした。そのことを証言する舞台に立つのが、死者の思いをこの世にとどけるイタコさんやオガミヤさんたちでした。こうして仏おろしや魂呼《たまよ》ばいの過去の伝統が蘇ってきたのでした。

第三に、ヒトと動物をへだてていた柵がみるみるとりはらわれていった変化です。福島原発の事故によって、飼育されていた大量のウシ、ウマ、ブタなどの生きものたちが飢餓のなかにおき去りにされ、野生化へと追いやられました。やがてかれら生きものたちは、

「安楽死」という名の悲しい運命を引き受けさせられました。

以前、九州の地で口蹄疫《こうていえき》の事件が発生したときのことが浮かびます。大量の生きものたちがつぎからつぎへと「殺処分」にされていきました。たしかにさきの「安楽死」といういい方には、この「殺処分」という冷たい法律用語の感触にくらべれば、ヒトと動物の差異をのりこえようとする優しい配慮のあとがみえます。

けれどもその動物たちの、かならずしもわれわれの耳にはとどかない悲鳴は、日々放射能の脅威にさらされている原発被災地の人々の不安と動揺の思いにそのまま重なってきこえてくるようです。

あれから六年。いったい何が変わったのか。われわれは今後も、その変化の背後にあるものをしっかりと見定めていかなければならないのだろうと思うのです。

生者への励ましと慰めの歌

死者は、残念ながら何ごとも語らない。この世と縁を絶ったときから、もう何も語りません。生き残った者にもう何ごとも語ろうとはしない。3・11の犠牲になった死者たちも、そのときから沈黙を守り、一切語ろうとはしません。

死にゆくときの苦悶《くもん》や表情、嘆きの声、恐怖の叫びが、その場に凍結されたまま生き残った者たちの胸を刺す。その死者たちの無念の思いに、誰も応えることはできない。そのつらい悔恨の情が、いつまでもわれわれの心の中から消えることはないでしょう。

生き残った者たちの手元にのこされているのは、死者たちの苦悶や嘆きや恐怖の思いをなだめ、その行き場のない魂を鎮めようとすることしかないからです。

だがそれではたして、死者たちは満足するでしょうか。その魂はどこかに救われていくのでしょうか。残念ながら、それを明かす証拠はどこにも見出《みいだ》すことはできないでしょう。死者たちは何も語ってはくれないからです。死者はその胸の内を閉ざしたまま、いつまでもわれわれの前で沈黙を守っている。

ふと、死者たちは生き残った者を許してはくれないのかもしれない、そう思うことがあります。死者たちにいくら心からの言葉をさしだしても、鎮魂や供養のまことをつくしても、芸能や儀礼を通して祈りつづけても、もうそれでいいよ、といってはくれない。そのまま悲哀の表情や嘆きの声を、その胸の内に収めてはくれません。

時が経ち、やがて生き残った者たちの記憶が薄らいでいく。死者たちの苦悶や嘆きや叫びにいつまでも直面し、それに耐えつづけることはとてもできないからでしょう。その現場からは顔をそむけ、どこからともなくやってくる忘却の安らぎへとわが身をゆだねるほかはないからです。

無常の風が吹いているのです。自然のかなたから、それは吹いてきます。死者たちの、そのかたわらからも吹きあげてきます。

気がつくと、災害のあと、この世に生き残った者たちが同じ生き残った者たちに寄りそい、耳を傾け、慰めの声をかけようとしている光景にどこでも出会うようになりました。介護の手を差しのべる人、ケアのために献身する人、そして最期の看取《みと》りをする人、人、……。死者たちが何ごとも語らない存在になってしまっている以上、それはもういたし方のないことであり、当然のことかもしれません。

生き残った者たちが死者にたいしてできることといえば、死者にむかってしずかに別れを告げ、その魂が他界におもむくことを願うのをおいてほかにはないでしょう。天国や浄土、そしてこの自然の墳墓の地にお帰りいただく、それをただひたすら祈ることだったのではないでしょうか。

このように考えてくるとき、ああ、挽歌とは、生き残った者たちが同じ生き残った者たちにむけてさしだす悲しみと慰めの歌だったのだ、ということに気づきます。一見それは、死者にむけられた死者たちのための歌のように受けとられてきました。けれども、じつはそうではなかったのだ。そうではなくて、生き残った者たちにむかって、さらに生きよ、と語りかける、励ましと慰めの歌だったのかもしれないのです。

挽歌とは、生き残った者たちにこそとどけられる、究極の愛の相聞歌《そうもんか》だったのだと、いまあらためて思うのです。

内村鑑三、柳田国男の再評価

さてこれまで、どちらかというと、さきにもいったように古い地層からの声に導かれ、ふるさとへの郷愁の思いに誘われてここまで書いてきましたが、しかし何ごとによらず、内向きの時代の風潮を嘆くのは、もうやめにした方がいいのかもしれません。これからは、内省の時代だと受けとめればよいのです。周囲をみわたしてどこもかしこもウツの症候というのであれば、落ち着きなく散乱する視線はさっさと収めて、まずは歴史に目を凝らしてみることです。

さしあたり、百五十年ほど以前の明治維新が抱えていた明暗、について指摘しておきたいことがあります。

私はかねて「維新」の段階では、国の進路を定める三つの選択肢があったはずだと思ってきました。福沢諭吉《ふくざわゆきち》と内村鑑三《うちむらかんぞう》と柳田国男の思想を軸にする三つの進路です。国の将来を占う三つの可能性、といってもいいでしょう。

その結果は周知の通り、福沢諭吉に発する富国強兵、殖産興業の路線で勝負がつきました。一万円札を手にするたびにお目にかかる肖像が、もうわれわれの脳裏に焼きついて離れません。おそらく、その選択がベターだったのでしょう。日清、日露の戦いを危うくしのぐことができたのも、おそらくそのためでした。

しかし、今日の目からその光景をあらためて眺めれば、はたしてどうでしょうか。その福沢の路線にももはや修復しがたいほころびが目立ちはじめていることも否定しがたいからです。ところがそれにたいして、逆に内村鑑三と柳田国男の方には、意外と重要な可能性の種子がまかれていたことに、ハタと気がつきます。

当時、内村鑑三は、富国強兵と殖産興業にもとづく文明開化路線を真っ向から批判する論陣をはっていました。西欧文明の受容を説くのは結構だが、その土台をなすキリスト教を無視するならば、そんなものは要らない。精神原理を欠く軽薄な文明摂取につきすすむだけで、本物の独立自尊を築きあげることなどできるものか、といっていたのです。

もう一つ、つけ加えておきたいことがあります。かれは、日本のキリスト教は武士道の理想を実現するものでなければならないといっていました。キリスト教は「聖化された武士道」である、とまでいっていたのです。その複眼思考と強靭《きょうじん》な精神的二枚腰の構えには、不思議な説得力がありました。

もっとも当時、このような内村の声に耳を傾ける人間はごく少数にかぎられていたことは事実です。ですが、そのときから数えて百年余り、今日の日本の現状をみるとき、かれの言葉が新たなリアリティーをもって、われわれの胸元に迫ってくるではありませんか。かつての可能性の一つが、いままばゆい後光を放って浮上しているのです。

柳田国男の場合は、どうでしょうか。かれは明治の末年、自立農民の育成を志して新進官僚の道を歩きはじめました。地主と小作の旧習を脱して、日本社会の改造をめざしたのでした。けれどもまもなく挫折、以降は野に下って民間伝承の探索にすすみ、日本民俗学の新分野を開拓しました。伝統社会が蓄積した民衆の知恵に学ばずして、いったい何の社会改造ぞ、という意気ごみだったと思います。

その柳田の考えも、明治百五十年のタイムスパンの中では大勢を占めるにはいたりませんでした。ところがわずかに敗戦後の農地解放によって、その志の半ばは達せられたといえるのではないでしょうか。そのように考えるとき、戦後の柳田を中心とする民俗学の活動がじつに意気盛んであったことが納得されるのです。

だが、その民俗学が今日、溶鉱炉の火が消えたように元気がない。柳田が生きていたころの、民俗社会の活気も勢いもみられません。その原因はいろいろあげられるでしょうが、要は、農地解放が実現したとたん、日本列島が都市化の波に洗われ、民俗社会そのものが全面崩壊の淵《ふち》に沈んでしまったということです。それがさきに記した地方消滅、寺院消滅、葬祭の空洞化という一連の社会変化の流れをつくったのかもしれません。

そのうえ、減反政策に端を発する農業の衰退・荒廃が、その勢いを加速させてしまいました。そして、もしもそうであるならば、食糧生産を確保する自立農業の立ち上げが問われている今日、柳田国男によって構想された国づくりの路線があらためて見直される時代にきているともいえるのです。

もう一つ、かれが主張してやまなかった「固有信仰」の問題があります。その分野の記念碑的な作品『先祖の話』は、日本人の精神基盤に鋭い光をあてた貴重な仕事でした。今日の、いわゆる「靖国《やすくに》」問題が行方の定まらない漂流をつづけている状況をかえりみるとき、そのような「先祖」をめぐるかれの発想からも学ぶべきことがけっしてすくなくないことがわかります。

今から七年前になる平成二十二年（二〇一〇）は、その柳田の手になる『遠野物語』が刊行されてからちょうど百年を迎える節目の年にあたっていました。それを祝う数々の行事が各地で開催されましたが、それとともにもう一つ忘れてならないのが、かれの『時代ト農政』が刊行されて百年という年でもあったということです。

その中でかれは、二宮尊徳《にのみやそんとく》による報徳社の運動をとりあげ、中国において朱子が説いた「社倉」、および西欧社会において発展した信用（産業）組合とを対比して論じていました。そこにもまた、東西両文明を眼下に収める複眼思考と精神的二枚腰のバネがはたらいていたことを思わないわけにはいかないのです。

「墳墓の地」とは何か

さきに「挽歌」のテーマを取りあげたので、それとの関連でここではやはり「靖国」の問題にもふれておこうと思います。

あえていわなければと思いますが、「靖国」の姿は明治以降百五十年の射程でみた場合と、戦後七十年のプロセスを通して眺めたときとでは、大きく違ってみえるはずです。しかし、世紀を越えて持続した平均的日本人の気持になってこの問題を考えますと、やはり五百年、千年のタイムスパンの中で見なければ、事柄の本質はみえてこないのではないか。日本人の信仰や国民的な心性を背景にして考えてみる見方といっていいでしょう。それには二つあります。

その一は、「靖国」信仰はヒトをカミとして祀る神道の系統に属しますが、しかしこのカミ祀りは同時にヒトをホトケとして祀る仏教の系統と競合しつつ両立し、相互補完的な関係をとり結んできたということです。ヒトは死んで、カミにもなればホトケにもなる。死者を媒介にして、いわばヒト＝カミ＝ホトケの等式が何百年ものあいだ信じられてきたのです。家々に神棚と仏壇が祀られるようになったのもそのためであり、このような信仰の原型は平安時代にまでさかのぼります。

そのような民族的な思いが今日の日本人の胸のうちに流れつづけていることは、たとえば昭和三十二年（一九五七）にヒットし、今日なお歌いつがれている島倉千代子《しまくらちよこ》さんの「東京だョおっ母さん」の歌詞を唇にのせてみればわかります。田舎から上京した母が娘とともに、カミとして祀られた息子のいる靖国神社にお参りし、このあと浅草《あさくさ》の観音さんに行って、ホッと胸をなぜおろす。この問題はあとからまたくわしく論ずるつもりですが、この船村徹《ふなむらとおる》作曲のうたがほとんど国民的歌謡のような形でうたわれてきたことに、ここでは注目してほしいのです。

二つ目は、戦いや事件で非業の死をとげたヒトの霊魂は、供養や祭祀《さいし》を怠るときはこの世に祟《たた》りをなす、という信仰でした。その考えは時代を超えて生き残り、日本列島に住む人々の深層の意識をつよく拘束しつづけてきました。そこから、このような祟る怨霊をコントロールするための鎮めの装置、災厄をもたらすモノノケを慰撫《いぶ》するための鎮魂の儀礼が、社会のさまざまな分野ではりめぐらされるようになった。そしてそのために総動員されたのが神道の清め祓《はら》いの儀礼と、仏教側がもちだした加持祈禱《かじきとう》の修法だったのであり、いってみれば神仏共同の鎮めのメカニズムだったわけでした。

このようにみてくるとき、今日の「靖国」問題が、そのような国民の歴史的な信仰や心性から切り離され、あまりにも一点集中的に矮小化《わいしょうか》されて議論されている光景が、いやでも目につきます。事柄の本質は、「靖国」参拝の是非と、政治のレベルで語られるたんなる政教分離か政教一致か、という観点からだけではとても結着はつかないだろうということです。

もう一つ、ここでどうしても指摘しておきたいことがあります。今日の「靖国」問題の根幹にかかわるのですが、ご承知のように戦時中、「英霊」は「靖国」に還《かえ》るとされていました。とりわけ私たちの念頭を去らない悲しい出来事は、まだ若い特攻隊員たちまでが「靖国で会おう」といって死んでいったことでした。それで、しだいにこの国には、「英霊は靖国に還る」という観念が肥大化していきました。しかし当時の多くの遺族たちにとって、そして大方の日本人にとっては英霊は「靖国」に祀られるとしても、それと同時に故郷の墳墓の地に還ると考えられていたのではないでしょうか。この日本列島で民衆の伝統的な信仰心を満たしたのが、まさにこの「墳墓の地」であったことを忘れてはならないと思うのです。

「墳墓の地」とは何か。その具体的なイメージは何かと問われれば、それこそ人さまざまと答えるほかはないでしょう。けれどもこの「墳墓の地」という言葉の中核の部分には、おそらくわれわれの「先祖」や「死者」をめぐる思いや観念が深々とたたえられているにちがいありません。

頼山陽の山紫水明

いま京都に棲《す》む私は、ときどき家を出て東山の麓をぶらぶら歩くことがあります。その一画に、人の目につかないお寺が身を隠すように建っていました。木の間隠れに身をひそめている。百八の石段をのぼり這《は》いあがらなければ、そこに行き着くことができません。とにかく奥まったところですから、あまり人も訪れず閑散としている。

正法寺《しょうぼうじ》、という。京都のめぼしい観光案内にもまず載ってはいません。もとは天台宗《てんだいしゅう》の寺院だったといっているけれども、いつのまにか時宗《じしゅう》に転じている。住職はひょうひょうとした洒脱《しゃだつ》な人柄で、三十弦の琴を弾《ひ》く玄妙な女性を妻にしている。

建物は本堂といい、庫裏《くり》といい、老朽化がすすんでいて、扉や戸を閉めても風が吹き込みます。冬場は、雪が障子のすきまを通して舞う。強烈な台風の直撃を食らえば、たちまち潰《つい》え去るだろうと思うほどです。ときに猿どもが忍びこみ、茶菓子をつまんで宴会までやっているのだという。

けれども、さすがに百八の石段、つまり百八の煩悩の急坂を這いのぼって行くだけのことはあります。頂きに立って眼下を見やれば、京都市街の全貌が手にとるように見渡せるからです。京都タワーが針のように、ローソクのように立ち、東寺《とうじ》の五重塔がそのさきにあらわれ、御所の森がすぐそこで、手でそのまますくいあげることができそうです。

お目あてはいうまでもありません。その高みからはるかに拝むことのできる夕日の光景でした。西山の端に沈んでいく落日、そして茜《あかね》色に輝きわたる夕焼けは、わが胸の内にさざ波のように押し寄せ神経の粒を粟立てずにはおりません。

かつて京都の地に遊んだ頼山陽《らいさんよう》は、鴨川《かもがわ》の西岸に仮の宿を結び、山紫水明処と呼んで自慢にしていました。かれは日夜、眼前の東山の山並みを眺めながら酒を飲み、詩をつくり、書をかき、そして子弟との交わりを楽しみました。ときに祇園《ぎおん》など歓楽の巷《ちまた》にまぎれこんで、夜を忘れ我を忘れて遊び呆《ほう》けた。

山紫水明とは、たしかにかれがいいだした洒落《しゃれ》たキャッチフレーズでしたが、それは鴨川をはさんで西岸から東山を見上げたときに浮かんだ自然の姿でした。だから東山からのぼってくる太陽も振り仰ぐような気分で眺めていたのでしょう。

かれはこの京の地で、代表作の『日本外史』を書きあげていますが、それは尊王論の立場から徳川政権を批判するものでした。けれども半面で、幕府の重鎮、松平定信《まつだいらさだのぶ》にはたらきかけて、そのお墨付きをえようと画策してもいます。日夜東山を眺めながら、かれの視線はその東山を越えて油断なく江戸の文化、江戸の政治にむけられていたことがわかります。

私はこのごろ、このような頼山陽の視線を百八十度回転して、鴨川越えの西の岸、そしてそのかなたに広がる西山の連山にわが眼球をすえ直したい衝動にかられます。すると、その山並みのあいだに落ちていく日の姿が、もう一つの山紫水明の舞台を演出しているような錯覚にとらわれる。

その舞台のはるかかなたには、中国大陸とインド亜大陸を抱えこむ無限定の大海原がひろがり、それをさらに越えて落日浄土のイメージまでが立ちあらわれてくるのです。

このような舞台こそ、まさにわれわれの「墳墓の地」の典型的なロケーションだったのかと考えるようになりました。われわれは人が死ねば、このような地に遺体を運んで焼いてきた。死者を焼却するのにもっともふさわしい現場、すなわち「墳墓の地」だったのだと思うのです。

「死生観」のモデル

けれども今日、その火葬場はどのようなことになっているのか。火葬場は死者を葬るための理想的な環境となっているのでしょうか。じつは、この頼山陽のいう東山山麓の山紫水明の地は、ご承知のようにかつては鳥辺野《とりべの》と呼ばれ、平安時代の代表的な火葬場、埋葬場でした。

長い長い年月を経過したあと、近代の火葬場では、いつのまにか大量の化石燃料が使われるようになり、その死者の現場の様相は一変してしまいました。それはむろん、京都にとどまらず、全国いたるところでみられるようになった。

ここではあえて、概括的な数字をあげてその現状の一端をみることにしましょう。

たとえば今日、ヒト一人一回分の火葬にともなう温室効果ガスについて考えてみます。するとその効果ガスの排出量は、「地球温暖化対策の推進に関する法律施行令」によると、灯油の場合で約一七四キロにのぼるといいます。

わが国における年間死者数は、平成二十年（二〇〇八）の「人口動態統計」によると約百十四万人でありますから、この数をかけ合わせると、年間の火葬で発生する排出量は約二〇万トンに達することになります。

この排出量を、かりに高効率のエアコン（八―十二畳用）一台が年間に排出する量と比較するとどうなるか。火葬で生ずる排出量は、エアコン約七百二十万台に匹敵するのだという。またその排出総量を森林の吸収効果でまかなうと、一三〇〇平方メートルの森林、すなわち東京二十三区の約二倍の面積が必要となります。

もっともこのような数字が、わが国のエネルギー事情にどのような影響を与えているのか、私はつまびらかにしていませんが、ともかく火葬によっておびただしい量の油を毎日のように消費していることだけはたしかでしょう。

ふたたび数字の世界をのぞくと、平成二十八年のBP統計等によれば、石油の採掘年限はあと五十年ほどで切れるという。天然ガスが五十三年、石炭が百十四年、そしてウランが百二年なのだともいう。つまりあと二世紀ほど経てば、エネルギー資源がほとんど枯渇していることになります。

私はもともと数字に弱く、統計というものが苦手でした。それを信ずる気にはとてもなれなかったということです。だからここに、排出量などの数字を麗々しくもちだすことにためらいがなかったわけではありません。けれどもこんど、それらの数字をじっとみつめているうちに気持があらたまったのはほかでもありません。そろそろわれわれの社会は、かつての土葬や火葬の方式をとり入れて、化石燃料ばかりに頼る生き方をあらためた方がよいのではないかと考えるようになったからです。遺体を土に埋めたり薪《まき》を積んで焼く、というあの古典的なやり方を見直すという生き方です。いま全国的にその処置に困っている間伐材を死者を入れるお棺や薪に転用すれば、一挙両得ではありませんか。

化石燃料による死体焼却の時代は、これまででせいぜい百年ぐらいのものでしょう。それにたいしてかつての土葬、火葬には五百年、千年の歴史がありました。それだけではない。その長い風雪のなかで生みだされた、かけがえのない堅固な人生モデルがありました。それが「死生観」というモデルでした。

このことについてはこのあとも論じていくつもりですが、そもそもこの言葉には二つの重要な意味が含まれていたことに注目したいのです。第一が、「死」の言葉が先頭におかれていること、そして第二に、死と生とが同等の比重でとらえられている、ということです。生きることは死を引き受けることであり、死を考えることがよりよき生を生きることにつながる、という人生観です。こういうことも次世代の若者たちには、ぜひとも知ってもらいたい、そして次の時代に伝えてもらいたい価値観であると考えているからです。

以上あげてきた問題をひとつひとつつきつめていると、われわれはずい分遠くまできてしまったという感慨にとらわれます。あの陶淵明《とうえんめい》や杜甫《とほ》の時代からです。そしてほとんどそれと同時代の古代万葉の大伴家持《おおとものやかもち》の時代からはるか遠くまで漂流しつづけてきた、という郷愁と悔恨の思いです。

帰りなんいざ
田園将《まさ》に蕪《あ》れんとす
（陶淵明「帰去来兮辞」）

国破れて山河在り
城《じょう》春にして草木《そうもく》深し
（杜甫「春望」）

うらうらに照れる春日《はるひ》にひばり上がり
　心悲しもひとりし思へば
（大伴家持『万葉集』）

いまわれわれは、無残に打ち砕かれた山河を前にして、あらためて

われらが先祖たちの墳墓の地、いまいずこ
山野河海を埋めつくす死者たちの魂よ
いま、いずこ

という、天の声を頭上にきく思いにとらわれているのかもしれません。そしてその悔恨と郷愁の思いは、おそらく柳田国男さんも折口信夫さんも共通に聞いていた、古い地層からの得体の知れない声だったにちがいない、と思わずにはいられないのです。

第二章　英霊と鎮魂

『昭和万葉集』と原『万葉集』との落差

昭和五十四年（一九七九）のことです。東京の講談社から『昭和万葉集』の刊行がはじまりました。敗戦のときから数えて、すでに三十四年の歳月が経っていました。これは全二十巻にわたる大きな企画でしたが、翌年になって全巻完結します。

そのすべての巻には「愛と死」の項目が出てきますが、それはまさに現代版の「相聞歌《そうもんか》と挽歌《ばんか》」と称してもいいものでした。そこには全巻にわたって、戦死者を迎える歌をひとまとめにする場所が設けられていますが、その時期は「満州事変」が始まる昭和六年（一九三一）から戦後の昭和五十年（一九七五）ごろまでのほぼ全期間にわたっています。

それら一群の戦死者たちの歌をひとくくりにまとめる名称として、あるときは「遺骨を迎える」「英霊還《かえ》る」とあり、ある場合は「還らぬ人」「還らぬ人々」と記されている。「英霊還る」の英霊はすなわち「遺骨」のことですが、「還らぬ人」のうちには、肉身は還らずに遺骨のみ帰還した人々とともに、肉身も遺骨も残さなかった不帰の戦死者が含まれていました。ところが、遺骨となって還った戦死者、遺骨も残さずに逝った戦死者を含めて、そういう「還らぬ人々」をうたった歌のすべてが、この『昭和万葉集』では、どうしたわけか、さきにふれた「愛と死」の項目には分類されてはいない。

つまり不帰の戦死者をうたった一群の歌が、『昭和万葉集』の挽歌のなかに収められてはいないということになります。それでは「遺骨を迎える」や「還らぬ人々」として一括されているそれらの歌は、いったいどこに位置づけられているのかというと、それらは「社会」や「生活」、「国家」や「戦争」といった事項群の一画に、いわばひっそりと配当されていたのです。

おそらくそれは、「戦死」という事態が国家の事業に属するものであり、社会的な衝撃を含むものだったからだと思います。またその事態を受けとる人々の生活をはげしくゆさぶるものだったからでしょう。遺骨にたいする「国家」の介入だったといっていい。

事実、当時は「遺骨を迎える」「英霊を迎える」という戦死者を迎える方法は、上は国家のレベルから下は市町村の共同体の末端にいたるまで、一つの統制された作法できめられていました。「戦死」は国家の政策による必然的な結果であり、その「戦死者」を迎える仕方もまたその論理のもとにつらぬかれていたからです。

しかしながら「戦死」を国家のレベルにおいてではなく、「戦死者」の家族、つまりその遺骨もしくは英霊を迎える肉親の場面にしぼって考えると、かれらの心のうちには慟哭《どうこく》と悲哀の無量の思いが噴きあげていたはずです。

それは、「英霊」や「遺骨」に対するどうしようもない感情の沸騰であり、癒《いや》されることのない悲傷だったにちがいありません。その感情の沸騰や悲傷から生みだされた「歌」が、さきにもふれたように『昭和万葉集』の「愛と死」のなかには含まれてはいないのです。

いったいどうして、そのようなことになったのでしょうか。

戦死者の遺骨を「英霊」と称し、それを社会的に追悼する行事が定着しはじめたのは、ほぼ日中戦争の開始と同時でした。昭和十二年(一九三七)の秋のころです。ときの鉄道省は、帰還した英霊を輸送する車両には、その中央の窓に「英霊」の文字を印刷した白地黒枠の紙を貼り、人々がそれにむかって拝礼することができるようにした。英霊として送還された戦没者の遺骨は連隊区ごとに遺族のもとに手渡されました。けれども遠い地域から受けとりにやってくる遺族のために国鉄運賃は五割引きでした。

さらに駅頭などの出迎えでは市町村単位の行事がおこなわれた。駅から斎場の公会堂や学校まで、小学生や婦人会、青年団や在郷軍人会の人々が沿道に整列し、弔旗を掲げて迎え、遺骨に拝礼したのです。

白木の箱に納められた遺骨は白布で包まれている。正装した遺族が白布で肩から吊《つ》って胸に抱き、列の先頭に立ちました。

慰霊祭はすべて公葬・神式・仏式のいずれかでおこなわれましたが、各地の招魂社は昭和十四年（一九三九）四月からは護国神社とあらためられ、一府県一社ときめられた。英霊はそこに祀《まつ》られることになったのです。

このような英霊（遺骨）への配慮は日中戦争と同時にはじまりましたが、第二次世界大戦が終わるとその戦時的な慣習に、新たな展開がはじまります。遺骨収集の事業がはじまったからです。戦場の各地で散った戦死者たちの遺骨を現地におもむいて集め、故郷にもち帰ってその霊を慰める。それがすべて国家的な事業としておこなわれるようになりました。

太平洋戦争における海外の戦没者数は約二百四十万といわれますが、その遺骨の大部分は、復員引揚げのときにもち帰られたものをのぞくと、旧戦域にのこされたままでした。ようやく昭和二十七年（一九五二）六月になって、衆議院は遺骨収集、送還の決議を採択し、政府もまずアメリカ管理地域の収集から実施することをきめたのです。

昭和二十八年一月、アメリカの承認のもとに南鳥島、ウェーク、サイパン、テニアン、グアム、ペリリュー、アンガウル、硫黄島《いおうとう》を手はじめに政府派遣団による収集を開始しました。ついで昭和三十年三月には、各関係国の了解のもとにガダルカナル、ニューブリテン、東部ニューギニアに伸び、翌三十一年三月にはビルマ（ミャンマー）、インド、八月には西部ニューギニア、英領ボルネオへとその範囲をひろげていった。結局、昭和二十八年以降一万一千三百五十八柱の収集がおこなわれましたが、もちろん全部の遺骨をもち帰ることは不可能でした。

他方、樺太《からふと》、千島《ちしま》を含む旧ソ連では、現地での抑留死亡者が約七万人と伝えられ、その埋葬個所は約三百三十か所という。しかし当時のソ連政府はわが国からの遺骨の引き取り請求にたいし、近衛文隆《このえふみたか》の例をのぞいて認めませんでした。

そのかわり墓参りについては昭和三十六年（一九六一）八月、ハバロフスク（百九十七人）とチタ（四百五十人）にある日本人墓地への参拝がようやく許されたのです。このときは遺族代表三十人だけが渡りましたが、その後も何回にもわたり遺族による墓参がおこなわれてきました。

さて『昭和万葉集』にもどっていえば、右の遺骨収集についての遺族の歌が載りはじめるのが巻一（昭和三十〜三十一年）からでした。そしてソ連への墓参の歌が収められるのが巻十三（昭和三十五〜三十八年）からです。

戦没者の遺骨ないしは遺骨の埋葬地にたいする日本人のこのように執拗《しつよう》で熱い関心は、今日まで絶えることなくつづけられています。それはあるときは社会的現象として、あるときは政治的課題として、そして何よりも民族的な心性のきわ立った特徴として、われわれの意識の底に流れつづけてきたものでした。ところが、まことに不思議なことに、この戦死者の遺骨、もしくは死者たちの遺骨にたいする尊重の念や崇拝の観念が、じつは原

『万葉集』にはまったくみられないのです。『昭和万葉集』においては圧倒的な比重をみせる「遺骨」の重さが、『万葉集』の挽歌のなかにほとんど見出《みいだ》すことができない。死者の「骨」にたいする痛哭《つうこく》、哀悼の気持が、まったくみられない。

これはいったいどういうことでしょうか。原『万葉集』と『昭和万葉集』のあいだの信じがたい落差ですが、この違いをわれわれはどのように解釈したらよいのでしょうか。

ここは日本人の死者観や先祖観がどのような性格のものであるのか、その特色を知る上できわめて重要な点ですので、くわしくみていくことにします。

死者における「骨」の問題です。先祖崇拝における「骨」への執着の問題です。それは原『万葉集』ではほとんど議論の対象にすらならなかった。それが「遺骨」「英霊」という形で、『昭和万葉集』ではきわめて重要な役割、避けることのできない課題になっていたということです。

肉・骨・霊の三位相

ここで、日本における「骨」信仰を位置づけるために日本以外の地域にも目をむけておきましょう。

周知のようにインドでは、日常的に遺体の処理を火による焼却を通しておこなっています。火葬ということになりますが、その点ではわが国と同じです。ただインドはこの火葬についてもっとも古い起源を有し、その影響はひろく周辺の諸地域に及びました。

今日、一般のヒンドゥー教徒は、親族の遺体を河川のほとりで焼き、あとにのこされた骨灰を目の前の川に流してしまう。つまり遺骨への執着を示さない。それというのもとりわけガンジス川への崇拝感情が強烈で、死者の遺灰をこの川に流すと、その魂が遺体から離脱してかならず昇天する、とかたく信じているからです。

死者の魂の行方が重要なのであって、骨灰の行くさきには何の関心も示さない。川に流された骨がガンジス川の水によって浄化され、魂たちが抜け出て天にむかう——そういう感覚なのです。

だから火葬のあとにのこされた骨にハゲ鷲が舞い降りてきて食らいつこうと、野良犬がやってきて食い漁《あさ》ろうとかまわない。それは魂の抜け殻にすぎないからです。

そのためふつうヒンドゥー教徒はお墓をつくりません。魂の行方だけが大事であり、それはすでに天に昇り、または新しい輪廻《りんね》の旅をはじめているからです。

もっとも長い長いインドの歴史では、例外がなかったわけではない。あの仏陀《ぶつだ》(釈迦)の死後、その遺骨(仏舎利)をストゥーパ(塔)に祀る風習がおこったからです。また一部の聖者と呼ばれる人々も、そのしきたりが適用されて今日にいたっております。

このような舎利(骨)崇拝は、インド文化圏全体としてみれば、むしろ例外的な現象でした。それが、今日の日本人の場合とはまるで違ってみえるところです。

しかしこれはまたあとからふれるつもりですが、古代においては、つまり『万葉集』の時代には、この日本列島人たちも、今みたばかりのインド人と同じように死者の魂にたいする関心が非常につよかった。魂の行方についての思いがあふれていたのです。

ところがこのようなインド人の遺体にたいする態度にくらべて、それとはまったく対極的な考え方を示すのが、たとえばアメリカ人の遺体観です。その一つがエンバーミング(embalming)という慣習で、遺体に防腐処置をほどこすことです。一時的にミイラ化することだといっていいかもしれません。ミイラ化といういい方を嫌い、死化粧ということもあります。

戦後まもなく朝鮮戦争がおこったころのことでした。戦死した米兵の遺体が九州に運ばれ、寸断され損傷された遺体をきれいに縫合し接着して、生前の面影を蘇《よみがえ》らせるように化粧をほどこしました。

これをお棺に入れ、飛行機でアメリカ本土に送って、遺族に対面してもらう。というのもそのように復元された遺体との対面をアメリカ人は感覚の上で重要視していたからだと思います。

それはむろん戦死者の場合にかぎらない。一般に遺体というものにたいするアメリカ人の感情、あるいは国民感情（?）をあらわしているのかもしれません。

つまり遺体の肉体的側面にこだわりを示すということであって、これは日本人のように遺体の骨灰的側面に執着したり、インドにおけるような霊魂的側面へのつよい関心とは違う、そのように考えることができるのではないでしょうか。

もうひとつ、このアメリカ人のエンバーミング問題はもしかすると、たとえわずかではあれ遺体の永続性への願望がかくされているのかもしれません。そしてそのかぎりにおいて、あの古代エジプトに流行したミイラの文化にも通じている。

もっとも、右にみたエンバーミングで処理された肉体はやがて棺に納められ、埋葬され、腐敗の過程をへて白骨化します。つまりミイラにはされないのですが、しかしそのエンバーミングの手つきには、いわゆる古典的なミイラ文化とも共通する観念をかいまみることができそうです。

以上のべてきたことを類型的にまとめてみましょう。

まず、インドにおける河畔焼却《バーニング》（burning）とアメリカにおける死化粧《エンバーミング》（embalming）ですが、じつはこの二類型の慣習を前提にするとき、わが国における遺骨慣習へのつよい関心が新たに第三類型としての特色をもつことに気づかされます。この遺骨観が、人の死にたいするわれわれの態度決定にあたっても固有の方法をあらわすことにも気づかされる。そしてそのことが、この国に生きる人々の心意や民俗に深く規定されてきたことはいうまでもないでしょう。

こうして一般的にいえば、死もしくは死後の時空間といった場合、そこにつぎのような三つの位相を仮定してみることができるかもしれません。

一、霊（魂）のみが意味をもつとされる時空間
二、霊（魂）と肉（体）の相関的な認知が浮上する時空間
三、霊（魂）と肉（体）と（遺）骨の三元構造が意識される時空間

という三種の位相です。

もちろん現実の場面では、この三つの水準は重なり合い接触もしてますが、しかしそのような場合でも霊、肉、骨のうちいずれかの機能が強調されているのが通例です。そのかぎりにおいてこれら三種の水準は、死と死者の位相を考察するにあたって有効な目安になると思うのです。いずれにしても、われわれが「死」と「死者」のことを考察しようとするとき、つぎのような問題が発生するはずです。

その死者の霊の転変をつよく意識するのか、あるいは霊と肉の分離、解体の状況に関心を注ぐのか、それとも霊と肉の解体、消滅のかなたに骨の意味を考えようとするのか、——そのいずれかの局面をどのように選択するのか、という問題であります。

ここでわれわれは、当初の課題にもどることになります。具体的にはさきにのべた『万葉集』の「挽歌」の問題、つまり日本人の挽歌感覚の問題といってもいい。原『万葉集』と『昭和万葉集』のあいだには、死者の遺骨をめぐって大きな落差、見逃しえない相違があるということをいいました。さらにいえば、「骨」にたいするつよい執着心が『昭和万葉集』では顕著にみとめられるのですが、それは歴史的にいったいどのような意味をもっているのかという疑問です。

もしかするとそこに、日本列島人の死生観の根本を解く鍵が隠されているかもしれないのです。

私はかつて冗談半分に、現代日本人の

宗教嫌いの骨好き

信仰嫌いの墓好き

といったことがありますが、もう一つ

「霊」好きのインド人

「肉」好きのアメリカ人

「骨」好きの日本人

と、つい口走りたくなる気分のときもあるのです。

『遠野物語』の蓮台野とダンノハナ

せっかく話がここまできましたので、ここで、体験を交えたいくつかの事例をあげて問題の所在を探ってみることにしましょう。

数年前のことになりますが、暮れの押しつまった十二月の末、久しぶりに岩手県の遠野に行ってきました。柳田国男《やなぎたくにお》が『遠野物語』を書いてからすでに百年が経っていました。ちょうどその節目にあたる年でしたので、各地でいろんな記念の行事がおこなわれていたのです。

遠野は雪まじりのみぞれが降っていて、寒かった。子どものころ、私は隣接地の花巻市《はなまき》で育ちましたが、そこから軽便《けいべん》鉄道で小一時間ほどのところでした。また伯母がその地の曹洞宗《そうとう》の寺に嫁いでいたので、よく遊びに行ったものでした。

寺の本堂には釈迦本尊が鎮座していましたが、脇の間には大きなオシラサマが祀られていた。それは木の棒状の人形（こけし?）に白い布を着せ、頭頂もそれで包んだ、カミサマの形代《かたしろ》でした。眼や鼻がついていないので、私はそれを仰いで、いつも得体の知れない不安に襲われたことを覚えています。あるとき伯母は、近くにカッパが出没する面白い場所があるからといって、小川の流れ沿いに「カッパ淵《ぶち》」と称する薄暗い木蔭《こかげ》につれていってくれたのです。

そのオシラサマやカッパの話が、ザシキワラシや神隠しの話とともにさきの『遠野物語』のなかに出てくることを知ったのは、はるか後年になってからでした。作者の柳田国男がどのような人間だったのか、その学問の世界までのぞきみるようになったのはさらに後のことでした。

こんどの遠野再訪の旅で、ぜひともう一度、この目でたしかめてみたいと思う場所があった。『遠野物語』に登場する「蓮台野《れんだいの》」と「ダンノハナ」の現場です。JR遠野駅のあたりから車で三十分ほど走った山間の土淵村《つちぶちむら》に、それはありました。森と高原に囲まれるように、戸数のすくない集落が散在しています。

柳田国男の記述によると、昔は、六十歳をこえる老人はすべて蓮台野に追いやられる風習だったようです。とはいっても老人は、すぐ死んでいくわけではありません。健康なうちは、日中は里に下りて農作に従事し、口を糊《ぬら》していました。そのためこの地域では、朝に野らに出るのをハカダチ（墓発ち）といい、夕方になって野らから帰ることをハカアガリ（墓上り）といっていました。ハカではあるけれども、たんなるハカではない。そこからはたらきに出たり（ハカダチ）、農作業が終わればふたたびもどっていく（ハカアガリ）、自分たちのねぐらに帰っていくわけです。緩慢な流れのなかで自然な死を迎え入れるための老人共同体、と呼んでもいいのではないでしょうか。死とはまさに、ゆっくり進行するプロセスの中で実現されていくものであり、心臓死や脳死のような点でとらえるものではなかったことが、よくわかります。

ところがこの「蓮台野」にたいして「ダンノハナ」の方は、死んでいく老人たちを葬るための共同墓地でした。それは「壇の塙《はなわ》」だったのだろうと柳田は注記していますが、丘の上にまさに段状に築いた塚のことで、それが山腹をけずって幾層にもなっていました。

このダンノハナの一角に立つと、さきの高台にある蓮台野が指呼の間《かん》にみえますが、ちょうどその谷間に沈むようにわずかな戸数の集落が、地に這《は》うような恰好《かっこう》で屋根を寄せあっている。

日常生活を送る村を、蓮台野とダンノハナがまるで両脇から抱えこむような形で見下ろしているのです。平地に降り立ち、すこし離れた場所からその光景を一望の下に収めたとき、生活共同体と老人共同体と共同墓地の三者がまるで有機的なつながりのなかで呼吸しているように思われたのです。

今日では、もはや喪《うしな》われてしまった世界であります。人は老い、やがて死を迎え入れて、ご先祖さまになって、自然に還る、そういう有機的な人間社会のつながりですが、その濃厚な痕跡が、今なお遠野地方を訪れるとみえてくるのでした。骨好き、墓好きの日本人の原風景、といえばいえるような光景だったことが今さらのように思い出されます。

霊場と道頓堀

これも十年ほど以前の話でした。ある南九州の「霊場」でおこった事件です。山の中腹にあるその霊場では、このところ参詣者がふえ近隣の人びとの信頼を集めるようになった。ところが好事魔多しで、その山の反対側に産業廃棄物の最終処分場の建設計画がもちあがりました。ついに県知事による行政決断が下されるところまできてしまったのです。

そこでお山からは反対運動の声があがる。――当山では、産業廃棄物の最終処分場を建設する必要性は十分理解しているつもりである。しかしながらこの地では信仰と観光の中心地として清浄な区域をつくりあげてきた。県知事にはこの計画をただちに中止してもらいたい……。

ざっとそんな話だったのですが、私は寺のいい分をきいていて、なるほどと思った。その心情を察すれば無理のないことだともうなずいていたのですが、ふと気がついてこんな話をもちだしました。ものは考えようで、むしろその計画は積極的にお引き受けになったらどうですか、と問いかけてみました。

たとえばインドのガンジス川の中流域に、ヴァーラナシというヒンドゥー教の聖地がある。約百二十万の人口をかかえ、その点では日本の京都市とほぼ同程度の規模の都市です。この霊場では、ガンジス川の岸辺に遺体焼却場がいくつもつくられていて、一年三百六十五日のあいだ、朝から晩まで遺体が焼かれています。さきにもふれましたが、あとにのこされた骨灰は眼前の川に流され、死者の魂は昇天すると信じられてきました。だからヒンドゥー教徒は墓をつくらない……。

死者を焼却する土地そのものが聖なる霊場として信仰の対象とされてきたのです。いってみれば、ヒトの廃棄物の最終処分場がやがて霊地霊場として姿をかえ、千年の歴史を刻んできたのだといっていいでしょう。

ところがこれと同じようなことが、わが国の大阪の道頓堀《どうとんぼり》の場合にもおこっていたのです。知られているように、豊臣氏は慶長二十年（一六一五）の大坂夏の陣を最後に滅びましたが、このとき大坂の地は灰燼《かいじん》に帰した。やがて、そのあとに寺院や墓地の統廃合がおこなわれ、その拠点の一つとして道頓堀墓所がつくられました。

元禄《げんろく》時代になって転機がおとずれます。「曾根崎《そねざき》心中」事件によって心中ブームがおこったからです。お上の命令で心中者の遺体がそれらの墓所にかつぎこまれるようになり、道頓堀墓所はその方面での筆頭格になっていく。ちなみにこれまでの研究によると、元和《げんな》から元禄にかけてのほぼ八十年間に、この墓所に葬られた死者の総数は三十万人をこえたといわれています。その道頓堀では歌謡曲で名高い法善寺や竹林寺が建てられ、盛り場とともに霊場としての、じつに起伏に富むドラマが演じられてきたのです。

こんなことをいうと、ヒトの運命の最終形態を産業廃棄物と同一視するとは何ごとか、とお叱りを受けるかもしれません。それはそれで甘受するほかないのですが、しかし一切の汚れものを排除するだけで成り立つ「霊場」というものが、はたして人びとの信頼をうることができるのかどうか、疑問に思わないわけではありません。とにかく日本人の墓信仰には理の通ったところもあり、長い伝統の上に築かれてきたものだったことがわかります。

サンフランシスコに眠る下山逸蒼

もう一つ、私事にわたることになりますが、これに話をつづけてみたいと思います。

私は父親の仕事の都合で、昭和六年（一九三一）、米国のサンフランシスコで生まれました。当時、父親は本願寺の海外開教使として、その地の仏教会に勤めていました。しかし六歳のとき帰国してしまったためか、そのころの記憶はほとんどのこってはいません。船で太平洋を渡っているうちにすっかり忘れてしまったのでしょう。

ただ、もの心ついたころから、父親が「桑港」「桑港仏教会」と口ぐせのようにいっていたのが、今ではとてもなつかしい。サンフランシスコとはほとんどいわなかったように思います。この「桑港」という言葉を、横浜や神戸というのと同じような気分できいていたのです。それが子どものころからの私のアメリカ感覚でした。

父と母は、昭和初年代に移民船の三等船客として米国に渡りましたが、帰国するときは私と弟とともに二等船客として祖国に帰ってきました。そのときに経験した人間の差別について、父は戦争中も戦後もよく口にしていたことを覚えています。はるか後年になって、スタインベックの『怒りの葡萄《ぶどう》』を読み、当時の苛酷な移動農民の人生の実態にふれたとき、その父の昔話が蘇ったものです。

もう三十年以上も前のことになりますが、宗教にかんするある国際会議がウィスコンシンで開かれ、招かれて渡米しました。数日間そこに滞在したあと、私は予定された最後の訪問地である「桑港」に個人的に立ち寄りました。ほとんど半世紀ぶりの浦島太郎さながらの気分だったことを覚えています。私の子どものころを知っているご門徒の方々がもう七十、八十の高齢に達しておられました。

一夕、その方々がお集まりになって歓迎の宴をもって下さった。「桑港仏教会」を中心とするなつかしい思い出とともに、話はしだいに戦争中の苦難にみちた体験へと移っていきました。収容所の生活が日系移民たちにとっていかにきびしいものであったかをこもごも語られ、夜の更けるのも忘れてきき入ったのです。

それからしばらくの時が経ち、平成十年（一九九八）の年のことでした。日本の本願寺教団が北米に開教してから百年が過ぎた。それを祝う行事をサンフランシスコでやるからと誘われ、再訪することになったのですが、このときばかりは気持がすこしあらたまっておりました。

行事の一環として、郊外のコルマにある日本人墓地で法要がおこなわれることになっていたからです。その日は、きれいに晴れわたった青空の下に僧俗の関係者が集まりました。異国の地に骨を埋めた日本移民たちの冥福を祈ったのです。そこは広大な墓地公園になっていましたが、その一画に下山逸蒼《しもやまいっそう》の墓がありました。

といっても、今日ではこの人物の名を知る人はほとんどいないでしょう。当時かれは、荻原井泉水《おぎわらせいせんすい》の『層雲』に拠《よ》る自由律の俳人として知られていました。明治三十六年（一九〇三）、二十四歳のとき郷里岩手の盛岡を出て太平洋を渡り、ついにふたたび故国の地をふむことはありませんでした。家族をつくらず、転々と職をかえ、在米生活三十三年の放浪の人生を楽しんだのです。昭和十年（一九三五）、サンフランシスコで逝きましたが、生涯に三万句をつくりつづけたという。そのコルマ墓地にある下山逸蒼の墓碑には、師匠の井泉水の書で、

夜 霧 の 伴《とも》 が 減 っ て 減 っ て ひ と り

の一句が刻まれている。孤独な旅路の果てにたどりついた「ひとり」だったと、目をそむ

けたくなるような、胸をしめつけられるような一瞬でした。

それからしばらくして、平成十六年（二〇〇四）のことでした。その八月に私は、盛岡で開かれたある会議に出席するため、久しぶりに岩手のふるさとの地を踏みました。そこはさきの下山逸蒼が生れたところでもありました。そんなこともあって、会のはじまる前、駅前に建てられている「先人記念館」に足を運んだのです。

訪れてみて、あらためて驚きました。原敬《はらたかし》や新渡戸稲造《にとべいなぞう》からはじまって、石川啄木《いしかわたくぼく》や宮沢賢治《みやざわけんじ》、そして田中舘愛橘《たなかだてあいきつ》や金田一京助《きんだいちきょうすけ》と、先人や偉人の部屋が目白押しで、その遺品の数々もとぎれることのない流れをつくって陳列されていました。

その前を移動しながら、私の目は何とか下山逸蒼の存在を探しあてようと緊張していました。けれども、いつまでたってもそれがあらわれない。そこには百人以上の人物が紹介されているようにみえましたが、そのなかにまぎれてしまったのかと、なかばあきらめかけているときでした。最後のコーナーにさしかかったとき、かれのささやかな遺品がひっそり、そこに置かれていることに気がついたのです。句集がわずかに二、三冊、無造作に並べられていたのです。

私は思わず立ち止り瞑目《めいもく》して、今なお、あのサンフランシスコのコルマ墓地に眠っている日本移民たちの運命を偲《しの》び、その魂魄《こんぱく》が、たんなる葬儀の時間をはるかにこえて、祖国の山河をじっとみつめつづけている姿を心に描いていたのです。

BC級戦犯と「愛の像」

ここまできて、はたと、気がつくことがあります。戦争のため、国家のため命を失なった「死者」がいまだその正当な（？）死者の地位を与えられていないという「死者」たちの運命のことです。もしかすると、その事実さえわれわれは忘れてしまっているのではないかという不安に襲われます。

こんどの第二次世界大戦で、強制的に引き受けざるをえなかったBC級戦犯たちの理不尽な運命がそれです。A級戦犯の場合は、知られているように戦後になって靖国《やすくに》神社に祀られることになり、それが大きな政治的、社会的問題になりましたが、大量のBC級戦犯たちのその後の運命がどのようになったのか、多くの同胞はその事実すらも忘れはじめているのではないか。われわれははたしてそれらの方々の霊をきちんと祀ってきたのだろうか、その死者としての尊厳ある地位をきちんと守る態度を保持してきたのだろうか、ということです。戦場に散った死者たちの遺骨収集に注いできた努力と資金にくらべて、戦犯の刑に服して死んでいった方にたいしてはたして正当な礼をつくしたのだろうかという疑問が首をもたげてきます。ここではそれらの問題についてもふれておかなければならないだろうと考えるゆえんです。それを明らかにするためには、どうしても語っておかなければならない物語があります。

平成二十四年（二〇一二）、あのよく知られた東京駅の赤煉瓦《あかれんが》が装いも新たにして蘇りました。正式には、そこは東京駅丸の内駅舎といいますが、この新駅舎は今では全国からやってくる多くの人々の目を惹《ひ》きつける名所になっています。

私もときどき駅近くのパークタワーホテルに宿をとり、高い階の部屋の窓から眼下に見下ろすときがあります。一瞬、ここはどこかとわが目を疑う。復原された赤煉瓦三階建ての東京駅は、ほとんど超高層ビルの谷間に沈み、お伽《とぎ》の国の可愛いお城のようにみえたからです。

じつは東京駅の復原計画がすすめられる以前のことになりますが、丸の内側の中央郵便局前に「愛（アガペー）の像」という祈りの祈念像が建っていました。なぜ、それが丸ビル側広場に建てられたのか、もしかするとこれは東京駅の戦後七十年を語るときどうしても忘れることのできない歴史上のひとこまになるかもしれないと思ったのです。

この像は、青年が高く両手をひろげ大空にむかって祈る姿をイメージしてつくられていました。高さは三メートルほど、四・五メートルの円筒形の台座の上にすえられていた。

じつは、敗戦後、巣鴨《すがも》プリズンには多くのBC級戦犯たちが収監されていましたが、その過酷な運命を偲び、かれらを慰霊するまことをつくそうと建てられた像でした。そしてその台座の下に、かれら戦犯たちが書きのこし、一書にまとめられた『世紀の遺書』（巣鴨遺書編纂会）が納められたのです。なぜその場所が選ばれたのかといえば、東京駅のこの地こそ、戦時中、若者たちの多くが戦地にむかって出発していったところだったからです。

除幕式がおこなわれたのが昭和三十年（一九五五）十一月十一日、極東国際軍事裁判（東京裁判）はすでにその役割を終えていましたが、遺族をはじめ四千人近くの参列者を前に皇宮警察本部音楽隊が「海行かば」を演奏しています。

だがこの「愛（アガペー）の像」には、建立をめぐる由緒も作者の名も刻まれてはいませんでした。協力者や関係者の名をつらねるということもなかった。そこに記されたのは「愛」の一文字のみでした。おそらく記念碑が「戦犯」たちのためだったからなのでしょう。そこが、広島や長崎の原爆慰霊碑や沖縄につくられた記念碑と大きく違った点でした。

やがて昭和四十三年（一九六八）五月になって、東京駅の地下工事がはじまり、「愛（アガペー）の像」は一時的に撤去されます。しばらくは石川島にある旧国鉄の倉庫で眠りつづけることになりました。このアガペーの像を制作、設置するにあたって、じつはきわめて重要な役割をはたした人物がいたのです。

それが、巣鴨プリズンの多くのＢＣ級戦犯たちによって「巣鴨の父」と敬愛された仏教の教誨師《きょうかいし》・田嶋隆純《たじまりゅうじゅん》でした。そのうえ、かれは世に名高い『世紀の遺書』の生みの親でもあったのです。

『世紀の遺書』に込めた懺悔

　戦後まもなく、戦犯を収容する東京拘置所はGHQによって接収されて「スガモ・プリズン」と呼ばれ、昭和二十一年（一九四六）からは東京裁判がはじまります。はじめA級戦犯たちの教誨の任にあたったのは、東京帝国大学文学部教授の花山信勝《はなやましんしょう》でした。専門は仏教学、昭和十年には、聖徳太子の研究で帝国学士院賞恩賜賞を受賞していました。

　A級戦犯の東条英機《とうじょうひでき》他六名が処刑されたのが昭和二十三年十二月二十三日でした。その直前に東京裁判は閉廷しますが、翌二十四年四月になって、花山信勝は突然、仏教教誨師を辞任する。その理由はかならずしも明らかではありませんでしたが、そのあとを継いで第二代目の教誨師を委嘱されたのが当時大正大学の教授で文学部長をつとめていた田嶋隆純だったのです。

　それが同年六月九日のことでしたが、そのわずか二日後の六月十一日になって巣鴨の戦犯長期服役者との連名をもって死刑囚の助命・減刑の嘆願書を連合国軍最高司令官マッカーサー元帥に提出しています。花山信勝が辞職したあと、委嘱の打診を受けてからでもわずか二ヶ月後の短期間のあいだのことでした。田嶋の対応がいかに早かったかがそれでわかりますが、このような動きは初代の花山信勝の時代には考えられないことでした。ところがこの助命・減刑の嘆願運動が、その後の田嶋の活動の中心になっていくのです。

こうして昭和二十六年（一九五一）九月八日、サンフランシスコ講和条約調印の日がついにやってきます。だが、その直後の十月十八日になって田嶋のからだに異変がおこる。プリズン敷地内で倒れたのです。幸い生命はとりとめ、BC級戦犯たちの減刑・赦免のための活動はそのまま精力的につづけられ、その評判がプリズン内外にひろく知られるようになっていった。

昭和二十九年、田嶋の存在はときの法務大臣から表彰されるまでになっていましたが、戦犯たちにたいする刑務所内での処遇にも変化があらわれはじめます。そうしたなかで、処刑された戦犯たちの最期の言葉を集めて後世に残そう、という計画がもちあがります。それで所内に、戦犯者たちを中心とする『世紀の遺書』編纂《へんさん》会がつくられたのです。

それは困難をきわめる作業でしたが、幾多の曲折をへて、ようやく昭和二十八年十二月一日になって刊行にこぎつけることができた。収められた遺書の総数が七百一通、巻頭に田嶋隆純が「序文」を寄せています。

当時、裁判で処刑された戦犯の数は千名近くに達し、その中には少数のA級、大多数のBC級が含まれていた。刑死の直前に便箋、包装紙、トイレットペーパー、書物の余白などに、鉛筆、ペン、墨、あるいは自分の血で書きつづけたものを、整理してまとめていた。その中には、「刑死後は、復讐《ふくしゅう》を」と無念の想いをのべて処刑された人も含まれていましたが、しかし戦犯としての刑死は「戦死」であると受けとめ、従容《しょうよう》として最期を迎え、家族の幸福、祖国と世界の平和を願って死についた人もすくなくなかったといいます。

戦争中の軍人の行為をめぐっては、戦勝国が敗戦国を一方的に裁くことができるのか、そもそも戦時中の行為を法廷で裁くことなどできるのか、など矛盾にみちた問題が生じることはいうまでもありません。さらには国家に強制された行為に個人の責任をどこまで問うことができるのか、容易には解決のつかない根本的な問いも浮上してくるでしょう。『世紀の遺書』に収められている戦犯者たちの言葉は、今日なお読む者の心に重苦しくのしかかってくるはずです。

巣鴨プリズンの絞首刑は、たいていの場合、木曜日の夜に呼び出されたという。金曜は一日かかって遺書を書き、夜半から土曜の明け方にかけて刑が執行されました。後に明らかにされた米国の公開記録によると、処刑直前の部屋の中における本人の行動が、五分から二・三分刻みで看守の眼によって報告されていました。そのほとんどが「粗末な机の前にかがんで鉛筆を握っている」とあります。半ば強制された理不尽な死を前にしたとき、人間はどのような態度を示すのか、その心の姿をどのようにあらわにするのか、そのような過酷な運命の中からしぼり出されるギリギリの言葉が、「遺書」の全面に、その行間に、その見えざる背面の奥に音を立てて脈打っていたのです。

田嶋隆純はさきにものべましたが、初代の花山信勝がやったような法を説く教誨の仕事をしようとは思わなかったようです。それよりは、むしろ戦犯たちの助命嘆願の仕事に精力を傾けようと考えていた。その田嶋が『世紀の遺書』に寄せた「序文」の最後のところで、つぎのように書いています。

「戦犯死刑囚の多くと接しその最期を見送つて来た私には、この人々のために戦争裁判について訴えたいことが鬱積しておりますが、この書の目的がこれらの人々の切々たる叫びを世に生かさんとする未来への悲願であることを思い、寧ろ黙して故人と共に一切の批判をも将来に委ねたいと思うのであります。」

戦犯死刑囚のために「訴えたいことが鬱積」しているけれども、それは未来のためここでは沈黙するといっている田嶋の心中を思うとき、胸がつまります。戦犯たちにたいする、当時の人々の矢のような批判の目を前にして、大きく揺れている教誨師の気持がどのようなものだったのか、それでは国のために戦い、また犠牲になった戦犯たちの死後の運命にきちんと応えることにならないのではないかという、癒しがたい痛憤の思いが伝わってきます。死者を正当に葬る鎮魂の作法をせずして、教誨師の仕事が真に成り立つのかという懺悔《さんげ》の気持だったのではないでしょうか。

「黙して故人と共に一切の批判をも将来に委ねたい」という言葉には、その田嶋の無量の思いがこめられている。戦犯にたいするメディアや世間の厳しい眼差《まなざ》しにたいして、今は耐えねばならない、その苦しい胸の内がここに吐露されています。一方で、戦場からの遺骨の回収や帰還の事業が国家的規模でおこなわれていました。それとこれとの理不尽な不均衡のありさまに、田嶋の「欝積」した思いは行きどころを失なっていたはずです。『世紀の遺書』は初版（昭和二十八年）の刊行後、しだいに多くの読者の心をつかみ、のちに講談社からその復刻版（昭和五十九年）が刊行されることになりました。想像を絶する内容に、さしもの世間もつよい衝撃を受けたからでした。

やがて戦犯者によってつくられた「巣鴨遺書編纂会」を中心に、『世紀の遺書』の出版による益金で記念碑をつくろうという計画がもちあがります。それがさきにのべた「愛（アガペー）の像」の建立へとつながる。場所を東京駅中央口前広場に選んだのも、眼前に皇居をのぞむ「聖地」として、その場がつよく意識されていたからでした。鎮魂と慰霊の場所としてこれ以上ふさわしいスポットはないと、いわず語らずのうちに考えられていたのかもしれません。祈念像のどこにも、「愛」以外の文字を関係者の名前とともに一切刻むことをしなかったのも、その思いがいかに深いものであったかを語っています。その東京駅前に「愛（アガペー）の像」がつくられ、除幕式がはなばなしくおこなわれたのが昭和三十年十一月十一日でした。

そしてその二年足らずののち、昭和三十二年七月二十四日に、「巣鴨の父」と親しみをこめて呼ばれた田嶋隆純はこの世を去りました。享年六十五でした。今日の目からみればけっして長くはない人生でしたが、それもおそらく教誨師の仕事による心労が重なったからだったのでしょう。

しかし、その「愛（アガペー）の像」の祈念像が、ふたたび東京駅前にあらわれるのはいつのことか、ＢＣ級戦犯のレッテルを貼られた「死者」たちの死後の復権がそのことではたされるのがいつのことか、いまだにその結着をみることができないのが、何とも気がかりなことであります。

第三章　供養と骨

霊魂をめぐる四つの柳田仮説

さて、このへんで、改めて柳田国男《やなぎたくにお》と折口信夫《おりくちしのぶ》に登場してもらうことにします。さきにも申しましたが、このお二人はこの本を執筆する上での重要な先覚者であり、日本人における「先祖」と「死者」の問題を考えるための欠かすことのできない方向舵《ほうこうだ》であると考えるからです。

柳田国男の『先祖の話』は、昭和二十年（一九四五）の四月から五月にかけて一気に書かれました。戦局が暗黒の泥沼に突入していくおり、空襲の恐怖のなかで書きつがれていました。

敗戦を間近にして、ひそかに民族の再生を念じつつ、死せる「先祖」と生ける「子孫」の永遠のつながりについて、行きつもどりつする思索を重ねています。

そこには、柳田自身が先祖をどうみていたのかという主観的な記述がみとめられると同時に、日本人の祖先観がどうであったかを知的にとらえようとする客観的な記述が含まれている。柳田自身の死生観と民俗学的な考察と知見が、いわば渾然一体《こんぜんいったい》となって語られている。

柳田は『先祖の話』の冒頭に「自序」の一文をおき、つぎのようにいっています。
——かつては常人が口にすることさえ畏《おそ》れていた死後の世界、霊魂はあるか無いかの疑問に答えようとしてこの『先祖の話』を書いたのだ、と。ここは重要です。なぜなら柳田国男にとっても、まず霊魂だったのか、と思うからです。そこを基点として「先祖の話」が展開していく。

かいつまんでいうと、日本人の霊魂観には四つの特質があるという。

第一——人間は死んでも、その霊はこの国のなかに留《とど》まって、遠くには行かない。

第二——顕幽《けんゆう》二界（この世とあの世）の交通が繁《しげ》く、たんに春秋の定期の祭りだけでなく、いつでも招き招かれる関係がみられた。

第三——死に臨む人間のいまわのきわの念願は、かならず死後には達成されると信じられていた。

第四——人は再び三たび生まれ変わって、同じ事業を続けるものと信じられていた。

（『先祖の話』、角川ソフィア文庫、一八一頁）

四つの柳田仮説です。この仮説は、民族の心意に底流する観念を民俗の網の目を通してすくいあげた実証的な知見でした。ところが柳田のこの文章の行間には、同時に十五年戦争を通して死んでいった人々を悼む鎮魂の感情が脈打っている。この本の末尾には「生まれ替わり」の章がおかれていますが、そこでは魂がこの世に復帰するという信仰が力をこめて論じられているのです。無数の若き荒魂《あらみたま》たちにたいするかれの愛惜と痛哭《つうこく》の心情が宿っていたと思います。一種の信仰告白のようにもみえるのですが、著者の視線がたえず死者の霊魂の行方に注がれていることが印象的です。その半面、死者の遺骨にたいしてはほとんど関心がはらわれてはいない、そのきわ立った対照に気づかされます。

柳田の『先祖の話』は、初めから終わりまで「霊魂」の回路を通して民族の運命を考えようとしていることがわかるのです。そのため霊魂と遺骨の相関については、一切口を閉ざして語ることがありませんでした。たとえば目次から拾うだけでも、それがわかります。

五七　祖霊《それい》を孤独にする
六三　魂昇《こんしょう》　魄降説《はくこうせつ》
七四　魂《たま》を招く日
七九　魂の若返り

もっとも柳田とても、『昭和万葉集』にあらわれる戦争中の「挽歌《ばんか》」に想いをいたさなかったはずはない。つまり英霊（＝遺骨）を迎え、やがてそれの収集にむかう遺族たちの行動がかれの視野の外にあったとも考えにくい。でも柳田は、その問題については口をつぐんでいるのです。それはいったい、どうしてなのでしょうか。

この問題については追い追い考えるとして、ここでは柳田が昭和四年（一九二九）という早い時期に「葬制の沿革について」という論文を書き、そのなかで沖縄の「洗骨」の慣習にふれていることにご注意いただきたいのです。この論文は、「骨」の問題について正面から語ることのすくなかった柳田にとって、今日からみれば貴重な証言であるといっていいからです。洗骨というのは、遺骸を埋葬あるいは曝葬《ばくそう》したあと、ある期間をへて遺骨をとり出して、洗い清めることをいう。だからこの埋葬・曝葬を第一次葬とすれば、洗骨の儀礼は第二次葬にあたるともいえます。じつは、この洗骨習俗の分布は東南アジアの諸島をはじめ中国南部、台湾、沖縄諸島、朝鮮半島南部に及んでいるのですが、その第二次葬としての洗骨について柳田はこんな風にいっています。

洗骨というのは遺骨の移動＝改葬を意味するが、それは現実に骨を移しかつこれを管理しなければ子孫は祖先と交通することができず、したがって家の名を継承する資格がないものと考えていたのではないか。姓をカバネといい、カバネが骨という語と関係があるらしいのもそのためである、と。だが、このような観念にはのちになって変化が生じ、家廟《かびょう》として石塔を建てることがおこなわれるようになった。そして、祭祀《さいし》の力によって亡魂を石に憑《よ》らしめようとする信仰が生じたのである。

（『定本　柳田國男集』第十五巻、五〇四・五一九頁）

柳田はここでは、沖縄の洗骨慣習そのものの解明という仕事には手を出していません。洗骨を改葬の一種といっているだけで、それが時代とともに変化したのは管理と保存がむずかしくなったからだとしたのです。こうして柳田は、人の死後における遺骨の問題について、すでに昭和四年の段階で消極的な態度をとっています。そのような観点は、昭和二十年の『先祖の話』でも変わらなかったことがわかります。

折口信夫の「餓鬼阿弥蘇生譚」

ところがこの「骨」の課題を、別の角度から追跡しようとしたのが折口信夫でした。大正十五年（一九二六）のことです。柳田の『先祖の話』よりはずい分古い時代のことですが、この年に発表された論文「餓鬼阿弥蘇生譚《がきあみそせいたん》」には、注目すべき見解がのべられています。（『折口信夫全集』第二巻、中央公論社、三四一〜三五二頁）。「餓鬼阿弥」とはおどろおどろしい名前ですが、これは中世の説経節《せっきょうぶし》「をぐり」に出てくる小栗判官《おぐりはんがん》、照手《てるて》姫の説話を下敷きにしている。

この説話の背後に流れるテーマが、熊野《くまの》を舞台にくりひろげる時宗《じしゅう》宗徒の活躍であり、かれらの手によるらい者の救済という話です。一度は毒を盛られて殺された小栗が、らい者の姿に変わりはてて地獄に堕《お》ちる。それが藤沢《ふじさわ》の遊行上人《ゆぎょうしょうにん》の力によってこの世に蘇《よみがえ》り、「餓鬼阿弥陀《がきあみだ》」という阿弥号をさずけられて熊野の湯の峰温泉に導かれ、もとの姿に蘇生する。

折口がこの話の中で目をつけたのが、らい者の姿をとって、地獄からもどってきた小栗のからだの異常性についてでした。彼はそのとき、耳もきこえず目も見えず、口もきけず、現《うつ》し心もない。いわばこの非人間的な「餓鬼阿弥」の身体的な異状性は、地獄から蘇ったときの小栗の屍体《したい》が「不揃い」であったからではないか、と折口は推定しています。屍《しかばね》が一部破損されたり、あるいは一部抜きとられたりすることで、小栗の魂魄《こんぱく》はもとの屍に完全には復帰することができない。そのためたとえ蘇ったとしても、小栗のからだはいぜんとして異常な徴候を示しているのだというわけです。

中国の神話には蚩尤《しゆう》伝説という話があります。蚩尤とは黄帝《こうてい》と戦って敗死した英雄神ですが、この強力な神の屍（遺骸）が死後ばらばらにされてしまう。というのも、この巨人のこの世への復活を防がなければならなかったからでした。

日本でも、似たような話は古くからいくらでもある、と折口はいう。捕《と》鳥部万《とりべのよろず》の話というのがありますが、この男は死後、屍をばらばらにされているし、平将門《たいらのまさかど》の場合も死後の遺体処理をみると、この型に入る。

要するに、霊魂や精霊が復活するときの身がらを、ある場合は分割して揃わないようにし、またある場合は焼いて根だやしにしてしまうという。

その点では土葬も火葬も、亡霊の復活を阻止するための遺骸処理にほかならないわけです。そしてそのような観念は、すでに『万葉集』のいくつかの歌のなかにもみられると折口はいっているのです。いくつかあげてみましょう。

秋津野を人の懸《か》くれば朝撒《ま》きし君が思ほえて嘆きはやまず

玉梓《たまづさ》の妹は玉かもあしひきの清き山辺に撒けば散りぬる

右の二首は、死んだ親しい人を悲しみ、砕け散った骨を野や山の麓に撒いて、その面影を偲《しの》んでいます。これらも折口によれば、骨を散らして亡霊の復活を防ぐためのもので、かならずしも一般的な風葬を意味するものではないだろうという。今日よくいわれる「散骨」という言葉に、内容は異なるかもしれませんが近いように思えます。

もう一つ、

鏡なす我《わ》が見し君を阿婆《あば》の野の花橘《はなたちばな》の玉に拾《ひり》ひつ

なども、たんに火葬の骨あげを意味するのではない、むしろ遺骸を解体し、そのあとになってさらにその骨を集めることまでを含んでいると、折口信夫はいっているのです。

ここでいう遺骸を解体してから骨を集めるまでの期間は、いわゆる殯《もがり》の期間にあたります。この「殯」については次節でくわしく論ずるつもりですが、その最後の段階における、骨を「ひろう」という行為のなかに、折口はさきにみた洗骨の風習をかぎとっています。今日、南島などでひろく観察される洗骨の慣習もまた、霊の復活を防ぐための手段であるにちがいない、とその議論を展開していくのでした。

なるほど、と思わないわけにはいかない折口の鋭い直観ではないでしょうか。のちに書かれることになる柳田国男の『先祖の話』は、この折口信夫の直観、さらにいえばすでに大正十五年に書かれていた折口の論文「餓鬼阿弥蘇生譚」を念頭に、そこに論じられているテーマをつよく意識して執筆されたのではないか、と私は思っています。

日本人の「骨」好きを、どのように解釈するか。いや、日本人の「骨」好き、「宗教」嫌いをどう理解するか、といった問題にもそれは関係してくるかもしれない。それがひいては、日本人の「先祖」観、「死者」観と不即不離の関係にあることをうかがわせるのです。

死者供養の救済システム

みてきたように柳田国男は沖縄の洗骨風習にふれて、骨の管理による先祖との交通ということを考えていました。でも、人の死後にかんする議論になると、話はもっぱら霊魂の行方に集中するようになる。また折口信夫の方は、人の死後、遺骸（遺）骨をどう処理するかの問題をとりあげて、それは結局、霊の復活を防止するためだったのだとしたのです。ただ、この二人の考えは、遺骨そのものの意味について、それ以上追求することはなかったように思います。さらにいうと、長いあいだわが国において維持されてきた独自の遺骨信仰について十分な説明を与えるものではなかったということです。

柳田のいうように、骨の管理による先祖との交通というテーマが一つあります。それにたいして折口の主張のように骨の処理を通して霊の復活を防止するという見方があります。日本人の遺骨信仰の特質を考える上で、どちらも重要な観点でしょう。けれどもその両者の見方には、やや次元の異なる面があります。前者には、骨を媒介とする系譜（＝家）意識が強調され、それにたいして後者は骨を通しての死者観が重視されているように思うからです。微妙な違いです。もちろん重なるところもある。しかしここは、原『万葉集』と『昭和万葉集』のあいだの違いの意味を知るためにも重要なところではないでしょうか。

一般に、先史、古代において骨（遺骨）が生活の現場で論議されるのは、死者にたいする第二次処置、すなわち複葬がおこなわれるときのようです。

複葬、とは何か。

人は、死と同時に腐敗の進行に身をまかせます。やがて破壊・流出をへて、最後のエッセンス＝白骨へと変質していきます。この腐敗・発酵・流出は死の一次的な異変をあらわし、これにたいして白色の硬いカルシウム物質は死の二次的な結晶を示しています。ここで転換がおこります。なぜなら生き残っている者は、この一次から二次への変化のプロセスに立ち会って、その不可逆的な身分上の推移を確認するとともに、危機にひんした死者との関係を回復しようとするからです。

そのとき、死者の目にはみえない霊的な存在が、目に見える遺骨へと変化するのです。
このような目に見える死者観をもうすこし広い視野から眺めると、どういうことになるのか。それがみえれば、これから問題にしようとしている死者から先祖への道筋も明らかになるかもしれません。このことを考えるために、ここでは池上良正《いけがみよしまさ》氏の議論がとても参考になるので紹介しておきましょう。それはひろく東アジアや東南アジアの文化圏を見渡すもので、日本列島にとどまらない。

したがって柳田国男のいう日本の「固有信仰」の枠内にとらわれない、人類学的な発想にも富んでいる。さらにいうと、その「死者」と「先祖」の課題を深く掘り下げていくために、氏は「盆行事」と「施餓鬼行事」に着目しているところが面白い。この二つの行事は中国大陸はもとより、朝鮮半島、琉球《りゅうきゅう》諸島、日本列島、およびその周辺地域にひろく展開し多様なバリエーションを生みだしているという。そのへんまで探りを入れている点も貴重です。その結果、氏が導きだした構図は、およそつぎのようなものでした。

これら東アジアにひろがる「死者供養」を、一つの独自な「救済システム」ととらえる。具体的にいうと、「生者が一定の宗教的な功徳を積み、その徳を死者たちに振り向けようとする行為」と考えることができるというのです。この徳を死者に振り向ける行為には、二つのメリットがそなわっている。すなわち第一にそれは親孝行や先祖の孝養にもなれば、第二に何らかの未練や怨念をのこした死者（苦しむ死者）たちの救済にもなるからです。

この二面性のダイナミズムに注目せよ、というわけです。

とにかく、身内の「死者」が地獄・餓鬼・畜生などの悪趣（六道）に苦しんでいるのを、仏教的な追善供養によって救うのですから、それがそのまま親孝行になる。一挙両得の善行にほかなりません。ポイントは、「苦しむ死者の救済」こそが仏教的な功徳《くどく》となり、ひいては生者本人の救いにもつながる、という点でしょう。「生者が死者を救うことによって、自らの救いも得る」という「洗練された救済システム」がつくられたのだと結論づけています。この「洗練された救済システム」こそが、じつは東アジア地域の民衆世界に深く浸透した「死者供養」の基礎構造であると、池上氏はいうのです。

これはさきにもふれたように、柳田国男の『先祖の話』ではすっぽり抜け落ちていた観点でした。柳田民俗学が説いてきた日本列島の「固有信仰」の枠からは大きくはみ出した見方でした。何しろその「固有信仰」の枠組みからは、東アジア地域に顕著にみとめられる仏教的、道教的な救済論がそっくりとり除かれていたからです（池上良正「宗教学の研究課題としての〈施餓鬼〉」、駒沢大学文化、第三十二号、二〇一四年、同「日本における死者供養の展開・略年表〈7〜16世紀〉」、駒沢大学総合教育研究部紀要、第十号、二〇一六年）。

餓鬼とは何か

それにしても「餓鬼」とは不思議な存在です。それはヒト（人）の化けものなのか。それともホネ（骨）のお化けか。今日では、妖怪の一種と考える人の方が多いかもしれません。人は死んで骨を残す。けれども残された骨を前にして、思案投げ首で、困りはてているようにみえる。最近になって、そんな情報が飛び交うようになりました。焼くか、埋めるか、それとも放置するか。途方に暮れている人々の姿が連日、伝えられるようになったからです。

そのような状況に接するとき、さきに紹介した池上良正氏がとりあげた「施餓鬼」供養が大切な意味をわれわれにとどけてくれることがわかる。東アジア一帯にひろがる先祖観や死者観が、その餓鬼のイメージのもとに明らかになるからです。柳田国男の『先祖の話』にその問題は出てきませんし、とにかく民俗学のいう「固有信仰」の枠組みからはずされていたからです。

それにしても、餓鬼とはそもそも何だったのか。その疑問は歴史的にさかのぼっていくと、どこまでもついてくるような気がします。さきにふれた折口信夫のいう「餓鬼阿弥蘇生譚」にしても、そこに登場してくる「餓鬼」の運命をどのように考えたらよいのか、一概にはきめられない。

餓鬼とは、人のなれの果てなのか。それとも骨の自己主張なのか。そんな疑問も浮上します。そこに探りを入れるためにも、やはり池上氏のいうように東アジア一帯にひろがる「仏教」の思想圧力のようなものを念頭におかなくてはならないでしょう。その圧力が、千年以上もの時間をかけてこの日本列島にじわじわとしみこんでいたことも忘れてはなりません。それなら、その餓鬼の物語をいったいどのように紡いでいったらよいのか。つぎの問題です。

もういちどいいますと、今日われわれは、お寺に遺骨を宅配便で送りつける「送骨」、肉親が死んでも一切の葬送を放棄する「無葬」、あげくのはてに葬儀もしない火葬もしない「0葬《ゼロ》」——これは宗教学者で評論活動も活発におこなっている島田裕巳《しまだひろみ》氏の造語です——の時代に入りつつあるようです。そのため、あちらこちらから事態を嘆く悲鳴がきこえてくるようになりました。もしも本当にそうであるなら、「餓鬼」などの存在もたんなる妖怪イメージの一変種として、またたくまにこの地上から消え去っていくはずです。

今さら驚くにはあたらないことになりますが、このあいだ新幹線に乗って、九州まで旅をしたときのことです。普通車三人掛けの席の窓際に目をやると、その帽子掛けに白い布に包まれた「骨箱」らしきものが吊《つ》り下げられ、かすかに揺れていました。その下の座席にまだ若い女性が座《すわ》り、マンガ本を熱心に読みふけっていました。

その白い布に包まれているものが、もしも遺骨であるなら、それもいずれ「無葬」か「送骨」に付される運命におかれているのかもしれない、とふと思ったのです。

餓鬼たちよ、汝《なんじ》はいずこに立ち去るのか

餓鬼たちよ、汝は人のなれの果てなのか、それとも骨の化けものなのか

そんな問いの言葉がのど元を突きあげてきました。けれども一方では、さきにみたように『昭和万葉集』に出現するようになった、戦没者の遺骨を収集する事業が、この日本列島では未《いま》だに国家の管理、指導のもとに営々とつづけられている。「送骨」「無葬」「0葬」どころの話ではありません。なぜならこの遺骨の収集こそ、死者たちの「餓鬼」状態を救済するための国家事業となっているからです。これはこれで、東アジア一帯に浸透する「施餓鬼」行事の一環をなすものといえるかもしれません。歴史的に探っていけば、そこに仏教による思想圧力という岩盤にまで突きあたることになるでしょう。

無数の餓鬼たちは、ある場合には「遺骨」という名のもとに、またあるときは「英霊」という尊称のかげに隠れるように、世界のいたるところの山野に、見分けがたくひろく散らばり存在しつづけているということなのでしょう。ふるさとを喪失したままに、また祖国の海や山や田園を見失なったままに、寂しい雨露に打たれているのです。

日本人の餓鬼観

ここで、今日もなお一般の日本人が抱いていると思われる「餓鬼観」にもふれておきたいと思います。というのも日本人はどうもこの餓鬼《ガキ》という言葉が好きであるらしいからです。すくなくとも、けっして嫌いではない。自分が餓鬼のような境遇になることは真っ平ご免と思ってはいるものの、しかし相手にたいしてはしばしばこの餓鬼奴といって軽くのしることは平気でやる。あいつは餓鬼のような奴だとか、餓鬼のようにガツガツ食うな、とか。

からだのどこかで、餓鬼という存在に親近感さえ覚えているのではないでしょうか。そして、その感覚は今にはじまったことではなさそうです。たとえば『万葉集』には、つぎのような歌が載っています。

相思はぬ人を思ふは大寺《おほてら》の餓鬼の後方《しりへ》に額《ぬか》つくごとし

愛してもくれない人を愛してしまって身もだえするのは、お寺に祀《まつ》られている餓鬼の像の背後に廻《まわ》り、はいつくばって拝んでいるようなものだ、と歌っている。片思いで落ちこんでいる自分を戯画化しているのです。自分の滑稽な姿を餓鬼の哀れな恰好《かっこう》に重ねて、自嘲しているといっていいでしょう。

この歌で餓鬼は明らかに蔑まれていますが、しかしどことなく愛敬《あいきょう》のある存在でもある。何しろ片思いの相手を、その餓鬼になぞらえているのですから……。

このような餓鬼とわれわれのつき合いは、どうやら中世や近世をへて現代にまで及んでいるようです。たとえば正岡子規《まさおかしき》のつぎのような俳句が、そのことに気づかせてくれます。

餓鬼も食へ闇の夜中の鰌汁

子規は食いしん坊でした。寝起きもままならぬ病床で、健啖《けんたん》ぶりを発揮してとどまるところがなかった。そういう自分の姿を、子規も餓鬼のように浅ましいと思っていたのでしょう。その苦渋の思いがこの句にはにじみ出ています。おのれの分身のような餓鬼に、闇の夜にまぎれて鰌汁《どじょうじる》を手向けようとしている。かれは

われも食う闇の夜中の鰌汁

という心境だったのかもしれません。

さて、それではこのような餓鬼はいったいどこからわれわれの国にやってきたのだろうか。それはもちろん、遠くインドからはるばるやってきました。インドのヒンドゥー教の中で誕生し、仏教のふところに抱かれて、中国大陸をへてわが国にやってきた。むろん東南アジアのあちこちにも、餓鬼の姿のさまざまな変奏をみつけることができます。

いわば餓鬼は、仏教文化圏では珍らしくも何ともない亡者・死者の代表なのでした。さきに紹介した池上氏の「施餓鬼」にかんする研究が明らかにしている通りなのです。飲食を奪われてやせ細り、醜悪な表情をみせて病み衰えていく哀れな亡者でした。

ところが不思議というか面白いことに、この飢えてやせ衰えていく餓鬼の姿が、キリスト教の世界ではどこにもあらわれてはこない。わが国の「餓鬼草紙」に出てくるような地獄世界・餓鬼世界にもお目にかかることがまずありません。

もっとも、キリスト教の文化圏でも地獄絵と称するものがたくさん伝えられています。そこには、死者や亡者がそれこそ手を変え品を変えて登場してくる。しかしながらそれらの亡者は、どれを見てもわが国の亡者のように飢えてやせ細ってはいない。大きな腹をつき出して病み衰え、醜悪な姿になっているのもほとんどみられないのです。要するに、飢餓の極限状態が描かれてはいないのです。飢餓のイメージがひそかに嫌悪され抑圧され、徹底的に陰蔽されているのではないでしょうか。

いったいどうしてそういうことになったのか。そこにはいろいろな原因が考えられるでしょうが、その中でとくに重要なのは仏教が飢餓人間に親近感を抱いていたのにたいして、キリスト教の方は飢餓そのものを嫌悪しその状態をとことん忌避しようとしたからではないでしょうか。骨がらになってしまった飢餓人間にたいする感受性の相違といっていいかもしれません。骨や白骨にたいする特殊な感覚が、いつしかそのような感受性を生み育てる契機になったのかもしれません。それが戦争と飢餓の惨状を喚起し、死者累々の戦場における白骨のイメージを増幅させることにもなった。

最近になって、ある新聞報道でつぎのような記事が目に止まり、愕然《がくぜん》といたしました。

日本政府が、平成22年から中断しているフィリピンでの戦没者遺骨収集事業を再開する方向で、フィリピン政府と大筋合意したことが29日、厚生労働省への取材で分かった。収集した遺骨に日本人以外のものが混じっていた問題で中断していた。両政府は、DNA型鑑定導入などの再発防止策を盛り込んだ覚書を交わす方針で、再開時期などの調整を進める。

厚労省によると、第2次世界大戦の激戦地だったフィリピンでは約37万柱の遺骨が未収集とされ、日本政府は昭和33年に収集事業を開始。しかし、厚労省が平成21年度から委託したNPO法人が収集した骨に、フィリピン人のものが混入している可能性が浮上し、22年10月に収集事業を中断した。厚労省は23年10月、戦没者以外の骨の混入を認める検証結果を公表。科学的な鑑定手法などを盛り込んだ改善策を示した。

（産経新聞、二〇一七年三月二九日付）

その後、日本政府は事業再開に向けた覚書案を作成。専門知識を持つ両国の職員を現地に派遣し、遺骨の収集や判定を主導することを盛り込みました。また、DNA型鑑定に加え、死後経過した年数を把握するために紫外線照射検査を実施するなどの再発防止策を示し、フィリピン政府が大筋で了承しているといいます。

遺骨収集事業への驚くべき執念です。遺骨への執拗《しつよう》なこだわりであり、骨そのものへの潜在的恐怖の気持です。遺骨が死者本人のものか否かを鑑定する技術の進化もただごとではありません。

ものとしての遺骨が発見されると、その鑑定のためにありとあらゆる手段をつくす、という態度はまことに見上げたものです。DNA判定、紫外線照射検査とまでいわれると、これはもう生々しい餓鬼たちが登場してくる余地はない、そんな状況ではないでしょう。もしかするとこの骨への異常な執着心は、逆に骨という「もの」への極端な無関心と表裏一体のものとなっている。つまり国家レベルの遺骨収集の情熱は、国民レベルの奥座敷では、送骨・無葬・0葬へとしだいににじり寄っていくポピュリズムの萌芽《ほうが》をすでにあらわしているのかもしれないと思うほどです。

中原中也の「骨」

餓鬼の存在感がどんどん稀薄《きはく》になっていく、その何とも白々として無機的な景色のなかにいつのまにか浮かびあがってくるのが、中原中也《なかはらちゆうや》の印象的な詩の旋律です。

骨

ホラホラ、これが僕の骨だ、
生きてゐた時の苦労にみちた
あのけがらはしい肉を破つて、
しらじらと雨に洗はれ、
ヌックと出た、骨の尖《さき》。

それは光沢もない、
ただいたづらにしらじらと、
雨を吸収する、

風に吹かれる、
幾分空を反映する。

生きてゐた時に、
これが食堂の雑踏の中に、
坐つてゐたこともある、
みつばのおしたしを食つたこともある、
と思へばなんとも可笑《おか》しい。

ホラホラ、これが僕の骨――
見てゐるのは僕？　可笑しなことだ。
霊魂はあとに残つて、
また骨の処にやつて来て、
見てゐるのかしら？

故郷《ふるさと》の小川のへりに、
半ばは枯れた草に立つて

見てゐるのは、――僕?
恰度《ちようど》立札ほどの高さに、
骨はしらじらととんがつてゐる。

この詩をつくるなかで、作者の中原中也は死後の自分のしらじらとした遺骨を眺めながら、そのかなたに自分の餓鬼の姿を幻視しているように思われてなりません。その餓鬼は食堂の雑踏の中でひとり坐《すわ》り、みつばのおしたしを食べている。雨に打たれ、風に吹かれ、故郷の山や川のほとりに近づこうとして、いつもさえぎられて立ちすくむ自分の餓鬼の影をみつづけている。そんな中原中也のイメージが蘇ってきます。餓鬼には、魂も肉体もそなわっている。中也のうたう「僕の骨」には、そんな悲しい、そしてとんがった自己主張もしのび込まされている――。

この中原中也の「骨」という詩は、千二百年の時をとびこえて、あの大伴家持《おおとものやかもち》の絶唱を私に思いおこさせます。あの3・11の、東北地方太平洋沖地震のときに、三陸の津波被害の最前線に立ったときのことです。

海行かば　水漬《みづ》く屍《かばね》
山行かば　草生《む》す屍

大君《おほきみ》の　辺《へ》にこそ死なめ
かへり見は　せじと言立《ことだ》て

中也のうたう「骨」が、家持の「屍」にそのまま重なってからだのなかを流れている。骨が屍となり、屍が骨のつらなりとなって脈打っている、そんな感覚に引きこまれてしまうのです。古代万葉人の死者への感覚が、千二百年の時空をこえて、現代の私のからだの血流のなかをめぐりつづけているといっていいかもしれません。その古代の「屍」を現代の「骨」につなぎとめているのが、おそらく餓鬼の存在感であり、その万華鏡のようなイメージだったのでしょう。

殯とは何か

この地上には、数知れない骨が引き取り手のないままに雨露にさらされている。悲鳴のような泣き声をあげている。目を凝らせば戦禍のなか山野に打ち棄《す》てられた骨が骸骨のまま、餓鬼の姿のまま、死者になりきれないでさ迷っている。

それが『昭和万葉集』では、遺骨の「収集」と、その祖国への「帰還」を後押しする、いわば民族の嘆きになったのでした。日中戦争を機に盛りあがった、死者への身を切られるような追慕、先祖を怖《おそ》れる内省、へとつよく刺激したのです。

死者の屍をそのままに放置してよいのかという思いが、餓鬼のイメージとともに重い負担となっていく。そのためだったのでしょう。死者の屍をどのように葬ったらよいのかという意識が生まれ、それがこの国ではとくに古い昔から「殯《もがり》」という慣習を発達させることになりました。

殯とは何か。この問題についてはこのあとくわしく見ていきますが、はじめにいっておきたいのは、これが日本人の死生観を理解するためには欠かせないものであることです。それだけではありません。もしかすると、現代日本人における「骨好き」「墓好き」の感性を心の奥底で支えている心的基盤かもしれないということです。くり返していえば、日本人の宗教嫌いの骨好き、信仰嫌いの墓好きの思想的な源泉といってもいい。

さて、その殯ですが、それは弥生時代の後期から古墳時代の前期にかけて形をととのえ、それが一つの重要な葬法になったと考えられます。基本的には、遺体を一定期間そのまま地上に安置し、のち埋葬するというもので、遺体の第二次的処置といっていいでしょう。

殯の慣習は、その漢字表現が示すように中国から伝わりました。当初はこの国の政治的首長を葬送する場合におこなわれ、やがてそれ以外の階層のあいだに広まりましたが、巨大な首長墓を生みだした古墳時代の終焉《しゅうえん》とともに、それは衰えました。しかしこの殯の儀礼的な慣習は、その後もとだえることなく民衆のあいだに広く根づいて浸透していき、独自の文化的な展開をみせるようになりました。

殯の慣習については、これまでいろいろな解釈が試みられてきました。一つは、死者を地上に一定期間、安置（あるいは放置）しておくのは、その殯期間を死者の魂を呼びもどすための招魂儀礼ととらえる見方です。魂呼《たまよ》ばいのためと考えたわけですが、これは折口信夫の説でした。これにたいして第二の代表的な見方が五来重《ごらいしげる》のもので、これは死者霊の浮遊を抑えて、これを鎮魂するための予防的な措置と考えました。死者霊を呼びもどすのか、それともそれを抑えつけるのか、まったく正反対の解釈なのですが、しかし実際に記録に残されている古代の殯期間の時間幅は長短さまざまですので、その解釈もかならずしも一義的にはきめられない事情があります。たとえば天皇の場合でいいますと、敏達《びだつ》天皇は殯期間が五年八か月、天武《てんむ》天皇は二年二か月の長きに及びました。けれども平城遷都（元明《げんめい》天皇の和銅三年［七一〇］）ののちになると、当の元明天皇の場合がわずか七日というように、殯期間は急速に短縮されるようになりました。

これらのわずかな例からもわかるように、殯の設定に政治的な要因が介在したらしいことがうかがえる。もっとも、そこには異論も提出されましたが、これ以上はふれないことにします。

ともかくこうして、殯には二つの基本的な考え方があることがわかります。一つが折口信夫による招魂説で、死の確認以前の段階に着目する考えです。これにたいしてもう一つが五来重の死霊鎮魂説で、死の確認以後の段階にかかわる考えです。死霊攘却《じょうきゃく》説ともいいます。前者の説はより短い殯期間の場合にあてはまるのにたいして、後者の説はどちらかというとより長い殯期間の場合に対応するといえるでしょう。

殯事例の幅の広さです。どちらの説にも一理があります。ただ、ここで注意しなければならないのは、招魂説であれ鎮魂説であれ、死者の遺体もしくは擬死体から「魂」が遊離することが前提にされていることです。この遊離魂の現象を軸にするとき、両者の説が同じ根から出ていることがわかります。古代の人々は、死の危機にさいして魂が肉体から分離するということをごく自然に信じていました。これは「遊離魂感覚」といってもいい。この感覚こそが殯という死者の儀礼を根本のところで支えている重要な感覚でした。さきに論じた大伴家持の歌に出てくる死者の「屍」も、この感覚があってはじめて意味をもったのです。

けれどもこれらの事例は、よく観察するとまだ遺骨を尊重する観念を生みだすところまではいっていなかった。遺骨の尊重よりもいまだ死者霊の運命あるいは行方により多くの関心がむけられていたからです。

しかしながら、弥生後期から古墳期にかけて、ともかくも政治的首長の墓を中心として変化がおこる。しだいに大きな断層がみとめられるようになります。殯儀礼の新たな展開といっていい。しかしそれは、たとえ政治的首長にたいするものであれ、そのまま遺骨にたいする尊重・崇拝の観念を生みだすところまではいっていない。そういう過渡期にはさしかかっています。

その反映だったのでしょう。折口の招魂説も五来の死霊攘却説も、遺体を脱する遊離魂が問題にされてはいますが、あとに残された遺骨にたいしてはそれほどではない。弥生後期から古墳期にかけての殯儀礼では、死の確認、霊魂の昇天、すなわち目にみえない霊的領域への関心がやはり緊急の課題だったというわけです。だから、そのあとに残された目に見える遺存的物体は、むしろ亡骸《なきがら》としての骨であり、第二次葬の対象であり、尊重・崇拝の対象にはなっていなかったと思うのです。

そしてもしもそうであるなら、「骨」の尊重と崇拝とはどのようなものとしてあらわれるのか、つまり「遺骨信仰」というべき慣習はどのように発生したのか、という問題がつぎに出てくるはずです。

仏舎利信仰

ここで登場してくるのが、仏教とともにこの国に伝わった「仏舎利信仰」の問題です。つまり仏教的風圧のテーマです。そのことが『日本書紀』の「敏達紀」十三年（五八四）

に印象深い筆で描かれています。

蘇我馬子《そがのうまこ》大臣《おおおみ》は、百済《くだら》の使節から仏像をもらい受け、司馬達等《しまのたちと》の娘を出家させて、みずから仏教に帰依する態度を示した。そこで仏殿をつくり仏像を安置して法会をおこなうと、すでに「仏舎利」が祀られていた。そこで馬子がその仏舎利を鉄の鎚《つち》で打つと、鎚の方が打ちくだかれ、舎利はすこしも壊れなかった。舎利を水に投げ入れると、舎利は心に願う通りに浮かんだり沈んだりした。馬子や司馬達等らは、いつしか深く仏教を信ずるようになった。

仏舎利の霊験あらたかな奇跡でした。これを機に、舎利への信仰が一気に高まったはずです。その感動のひとこまが、『日本書紀』の記述にはにじみ出ている。

これは敏達天皇のときの話ですが、その四年後の「崇峻《すしゅん》紀」元年（五八八）三月の条下では、百済王が仏舎利を献じたとあります。もうすこしさきにいって推古《すいこ》天皇の三十一年（六二三）七月、これは聖徳太子《しょうとくたいし》が死去した翌年にあたりますが、こんどは新羅《しらぎ》が使節を送ってきて、仏像ひとそろえ、それに金塔や仏具とともに舎利を奉った、とある。

太子の死去を伝えきいた新羅王が、追善のために贈りとどけたものでしょう。仏教学者の田村円澄《たむらえんちょう》によると、このときの仏像は京都の太秦《うずまさ》にある広隆寺《こうりゅうじ》に安置され、舎利や金塔は難波《なにわ》（大阪市）の四天王寺《してんのうじ》に祀られたのだという。ちなみに、この太秦の広隆寺に祀られている仏像が、例の国宝第一号に指定されている半跏思惟像《はんかしゆいぞう》の弥勒菩薩《みろくぼさつ》、というわけです。

この聖徳太子は、のちになると不思議な伝承が語られるようになりました。そのなかでよく知られているのが、太子が二歳になったとき、東方にむかって南無仏《なむぶつ》（仏に帰依する）と称《たた》えると、掌《てのひら》のなかから舎利が落ちたというのです。同じころの話ですが、あるお寺の塔の心柱のなかに「舎利八粒」が納められた、といった記事もでてきます。

また、聖徳太子伝説としてもてはやされる「三骨一廟」という物語も語られるようになりました。今日、大阪の磯長《しなが》には聖徳太子の遺体を葬る廟がのこされていますが、ここは太子の母の穴穂部間人大后《あなほべのはしひとのおおきさき》の遺体に、あとから太子と妃《ひ》の膳大郎女《かしわでのいらつめ》の遺体を合葬したところで、そのため後世になってから「三骨一廟」といわれるようになった。

この太子一族の合葬墓である磯長陵《みささぎ》を「三骨一廟」と呼ぶようになったのは、どうも平安後期になってからのようですが、仏舎利にたいする尊重の念がすぐれた政治家にたいする崇拝へと変化し拡散していった歴史の流れをそこからくみとることができるかもしれません。この「三骨一廟」の呼称が定まるのは、いまいったように平安の後期のころですが、この時期はじつは、後からくわしくのべますように「納骨信仰」が一般に浸透しはじめた時期にあたります。仏舎利信仰と納骨信仰が、そのころ重層化しておこなわれていく気配をうかがうことができる。

　この太子の時代からさらに一世紀以上も時代が下って天平勝宝《てんぴょうしょうほう》六年（七五四）のことでした。これは東大寺をつくった聖武《しょうむ》天皇（七〇一〜七五六／在位七二四〜七四九）の晩期にあたりますが、中国から盲目の鑑真《がんじん》がはるばる海を渡って来日し、仏舎利三千粒をもたらしたという。ついで平安時代に入って、こんどは唐代に留学した空海《くうかい》が仏舎利八十粒、比叡山《ひえいざん》の第三代座主《ざす》円仁《えんにん》も入唐《にっとう》して「菩薩舎利」三粒と辟支仏舎利《びゃくしぶつしゃり》二粒を請来《しょうらい》したのだという。仏教徒たちのそれらの舎利にたいする関心がいよいよ高まり、ついに唐招提寺《とうしょうだいじ》、東《とう》寺《じ》、延暦寺《えんりゃくじ》、法隆寺《ほうりゅうじ》などにおいて盛大な「舎利会」がおこなわれるまでになった。それとともに舎利塔や舎利殿までが造られるようになったのも自然の勢いでした。

　そもそもインドや中国の仏教では、舎利には全身舎利（土葬）と砕身舎利（火葬）の二種があると考えられていました。あるいはそれを肉舎利と法舎利というように表現していた。そのほか、それを祀った仏歯精舎、仏牙精舎とか仏頂骨精舎などのいい方もみられます。もちろん、それらの舎利は原則として仏の舎利を意味したのですが、しかし弟子や高僧の遺体にたいしてもそのようにいう例があったのです。

第四章　折口と柳田

祟りとは何か

「骨」は、いろいろな顔をしていました。

「骨」は、じつにさまざまな衣裳《いしょう》を身につけていました。その歴史を追いかけ、多少とも地球的な広がりについても目を注いできました。「骨」は、あるときは悲しみに打ちひしがれて雨に打たれ、あるときは雪降る野にうずくまって怒り、恨みの声をあげていました。「骨」は、同じ運命にさらされる仲間たちと狂宴をくりひろげ、復讐《ふくしゅう》や報復を口にしていました。「骨」は、野や海にそして川に放置するとき、生き残った者たちにその不穏な意志を伝えるために身じろぎをし、立ち上がってくるのでした。形のある姿になって牙をむく。亡者、亡霊、餓鬼、などに身を変えて生者に危害を加えていた。「祟《たた》り」の発生でした。「骨」の千変万化は、この祟りの発生と不可分に結びついて無気味な成長をとげてきたのです。骨には、死者の半身といったところがありました。まだ先祖になりきれない形代、つまり祖霊のかりの宿り、といった面もないではなかった。すなわち死者が先祖になりきれない姿をそれが象徴しているからですが、そこに祟り現象があったというわけです。

それではあらためて、祟りとは何か。

それは一口にいって、神霊や死霊、また精霊や動物霊などが一種の病原体として、人間や社会に危害を加え、自然界に災禍をもたらす信仰現象のことです。それらが死者の骨に取り憑《つ》くとき、これまでのべてきた「骨」の運命にまつわる異常の物語が語られるようになったのです。

ただ、この「祟り」という言葉は、もと「たたり」という大和ことばに起源があるという。このことをかつて鋭く説いたのが折口信夫《おりくちしのぶ》ですが、氏によるとこの「たたり」は、もともとは目に見えないカミ（神）がなんらかの形でこの世にあらわれることを意味した、ところがやがてそれが、神霊や死霊の怒りの発現へと姿を変え、その怒りによる制裁や処罰の原因とされるようになった、それでことさらに「祟り」ということが意識されるようになったと論じたのです。つまりカミのたんなる示現を意味する平仮名の「たたり」から、霊異による災禍や危害をあらわす漢字の「祟り」に変化したのだというわけです。

はじめのうちは、この神のたんなる示現を意味する仮名の「たたり」は、それらの神霊が磐座《いわくら》（神聖な岩）、や神籬《ひもろぎ》（常緑の霊木）などに降臨することでした。また特定の人間にその神霊が取り憑き、託宣や予言を下すことでした。たとえば『日本書紀』「神代紀」のアメノウズメノミコト、「崇神紀」のヤマトトトビモモソヒメノミコト、「仲哀紀」の神功《じんぐう》皇后などがとつぜん神がかりして、狂躁《きょうそう》乱舞したり、神霊の意志を伝えたりしたのがそれです。こうして「たたり」が人間にあらわれる場合は憑霊《ひようれい》状態になるので、いわゆるシャマニズムの現象とされ、今日でも東北の下北半島の「イタコ」や、沖縄の「ユタ」などに伝えられている、「ホトケオロシ」や「カミオロシ」の習俗として知られているものです。これらはすべて折口のいう「たたり」の現象に入れていいでしょう。

これにたいして「祟り」の方は、前述したように神霊や死霊が祟って、危害や災禍をひきおこすという場合です。これは、カミや死者の怨《うら》みや怒りが清められずに空中を浮遊し、邪霊や鬼霊・怨霊の働きをする場合で、とりわけ平安時代になって御霊《ごりよう》や物《もの》の怪《け》の現象としてひろく人々のあいだに恐れられました。

このうち「御霊」とは、政治的に非業の死をとげた人々の怨霊をいい、それが疫病や地震、火災などをひきおこす原因とされました。そのような怨霊信仰はすでに奈良時代にもみられ、たとえば仏僧の玄昉《げんぼう》が死んだとき、反乱者である藤原広嗣《ふじわらのひろつぐ》の霊の祟りであると噂されています。これが平安時代に入りますと、ますます盛んに信じられるようになる。とくに、権力闘争に敗れた崇道《すどう》天皇（早良《さわら》親王）、伊予《いよ》親王、橘逸勢《たちばなのはやなり》などの怨霊が「御霊」として恐れられました。ついに貞観《じようがん》五年（八六三）には、かれらの怒りと怨みを鎮めるために御霊会《ごりようえ》というものが京都の御所近く、神泉苑《しんせんえん》でおこなわれたほどでした。

また、この京都では承和《じようわ》年間（八三四〜八四八）以降になると「物の怪」の現象がひんぱんに発生するようになった。これは当時の『源氏物語』などの文学作品、『栄花《えいが》物語』

などの歴史書などでも大きくとりあげています。この場合の物の怪は、主として病気や難産、死や災異などの原因とされ、それを退散させ駆除するために、僧たちによる加持祈禱《かじきとう》が盛んにおこなわれました。

そして、このようなさまざまな祟り現象のクライマックスとなるのが、菅原道真《すがわらのみちざね》の怨霊による怪異な事件となってあらわれたのです。御所の清涼殿《せいりょうでん》への落雷という事件が発生し、それが醍醐《だいご》天皇の死を引きおこすというもので、それが当時の社会に大きな不安と動揺を与えた。さきの菅原道真は、政治的な策謀によって九州の大宰府《だざいふ》に流され、そこで横死したのだという噂が立ち、御所での災害や天皇の死もその道真の怨霊、祟り霊の仕業であるとされたのです。面白いのは、この平安時代を通しての最大の祟り霊が、やがて北野天神（＝菅原道長）として祀《まつ》られ、さらに時をへて学芸のカミとしての「天神」信仰が生みだされるようになったことです。最大の祟り霊が反転して強力な守護神に変じ、崇敬されるようになったわけです。非業の死をとげた政治家（＝死者）が鎮魂の祭祀《さいし》を通して、立派なご先祖にみごとに変身したのでした。

以上からもわかるように、祟り霊はその規模のいかんを問わず、祭祀や祈禱によって鎮められるという観念が成立しました。つまり祟りと鎮魂の相関がつよく意識されるようになったのだといっていいでしょう。それは今日の目からすれば、全体として閉鎖的な社会や政治環境における精神病理的な現象だったとみることができるかもしれません。そしてここが肝心なところですが、このような祟りと鎮魂のメカニズムは、菅原道真の場合に典型的にみられるように、それ以降の日本の政治史にもしばしばあらわれるようになったのです。

とくに権力や政権の交替期には、政治的に非業の死をとげた人間が大量に発生するため、その死霊や怨霊を鎮める儀礼がさまざまな形でおこなわれる。たとえば今日現代の問題としていうと、戦争の犠牲者を東京の靖国《やすくに》神社に祀り、その霊を鎮める儀式が毎年のように盛大におこなわれるようになっています。そのことによって、国家によって遂行された政治的な過誤を免罪謝罪して、祟りの発現を回避しようとする。また今日の新宗教運動の多くも、現在の不幸や病気の原因が先祖霊への不穏なはたらきであると説明し、それを祓《はら》うために「先祖供養」をつよく勧めていますが、それもこの古くからの祟り信仰からきていると考えられるのです。

『死者の書』前夜

ここで、ふたたび折口信夫に登場してもらわなくてはなりません。大正十五年（一九二六年）に論文「餓鬼阿弥蘇生譚《がきあみそせいたん》」を書いて、「骨」と「屍《しかばね》」のテーマをめぐって刺激的な問題提起をしていたことを思いおこして下さい。死後の「骨」の処理を誤ると、ふたたび蘇生することはできないという物語についての分析でした。屍の骨がバラバラのままでは生き返ることができない伝承をどのように理解したらよいのか、そのような発想でした。

そしてここがポイントになるところですが、その死者の「骨」の運命が、じつは人間の怨念や執着心とかたく結びついていて、表裏一体になっているのではないかという洞察でした。怨念、怨霊まみれの「餓鬼」、つまりは「祟りを発する鬼」という発想だったはずです。その物語の背後に折口がみていたのは、そのときにも指摘しておきましたが時宗衆《じしゅう》徒によるらい者の救済というテーマでした。

この「餓鬼」救済のさまざまな物語が東アジア一帯に広がっていたことはさきにみてきた通りですが、それは折口信夫にとってもいつも心ひかれる重要な物語でした。そしてその積年の思いを一気に実らせるのが、昭和十四年（一九三九）になってからで、この年の雑誌「日本評論」（一月号、二月号、三月号）に、釈迢空《しゃくちょうくう》の筆名で発表した小説『死者の書』だったのです。「餓鬼阿弥蘇生譚」を書いてから十三年が経っていました。

折口はかねて、われわれの心意伝承には論文やエッセイなどだけでは書き切れない、汲《く》みつくすことのできない深淵《しんえん》が横たわっていて、それは小説やドラマの形で表現するほかないものだという信念を抱いていました。その執拗《しつよう》なこだわりが、ペンネーム釈迢空による小説仕立ての作品になったのでしょう。同じような思いは学問の師にあたる柳田国男《やなぎたくにお》にもあったようですが、柳田の場合は、その執筆活動の推移をみるかぎり、その点はかなり抑制的だったのではないでしょうか。

それと、もう一つその問題とかかわるような話があります。それは柳田国男と折口信夫における学問の性格にかんするものですが、二人の仕事の根幹を比較して私はこんなことをいったことがあります。ここは両者による、死者観や先祖観の違いにも深くかかわる問題だと思いますので、少々立ち入って考えてみることにしましょう。

まず初めにいいたいのは、柳田国男の学問には、うっかりすると見落とされがちですが、普遍化志向とでもいうべき方法が底流している。氏の仕事には『先祖の話』のように、日本人の心意現象を日本固有の枠組みの内側で読み解こうとするものもすくなくありません。しかしながら、よくよくその研究のあとを探っていくと、普遍的なものにつよい関心を示していることがわかります。

たとえば氏は『遠野物語』とか『山の人生』などのなかで、「山人」の社会や民俗をとりあげていますが、そうした「山人」たちは要するに、かつて平地を制した支配民によって山に追いこまれてしまった「縄文人」のなれの果てではないかと結論する。山人社会に伝えられてきた異風な風習を現実にありえた自然の現象に還元しているわけです。たとえば奈良盆地に居住していた「国栖《くず》」や九州地域に住みついていた「隼人《はやと》」、そして奥羽にひろく分布していた「蝦夷《えみし》」などがそうだっただろうというわけです。つまり今日では珍らしくなった事象を合理的に解釈し直し、因果の糸を繰って自然的な現象へと還元する方法だった、といってもいい。

これにたいして、折口信夫の場合はどうだったのか。それは一口でいうと、眼前に横たわる不思議な現象をとらえて、それをさらにもう一つの不思議な現象へと還元する方法でした。柳田のように合理的に解釈のつく自然的な現象へと還元するのではない。そうではなくて、合理的な解釈を拒むような、もう一つ奥の不可思議現象へとさかのぼり、そこへ還元していく。そのような手続きを鮮やかな形でみせているのが、よく知られる折口の「まれびと」の仮説だったのではないでしょうか。

たとえば、折口信夫の芸能論と宗教民俗論のちょうど接点のところに位置する「翁《おきな》の発生」という論文があります。そこでは「翁」をめぐるさまざまな現象をいろんな角度から論じているのですが、最後になって議論のほこ先がただ一つの地点にしぼりこまれていきます。それがすなわち「山の神」という存在でした。ところが、こんどはその翁の祖型としての「山の神」をさらに追いつめていって、最後になって「まれびと」という、これまたしかとそのイメージをつかみきれないような不思議な存在へとわれわれを導いていきます。いってみれば、古代的な深層世界へとわれわれをつれ去ろうとする……。

「翁」という微光に包まれた謎のキャラクターを、もう一つの神韻ただよう「山の神」へと還元し、さらにそのイメージを増幅させて「まれびと」という彼岸の始原、すなわちさらなる不可思議の現象へと還元していく。これはいってみれば位相をずらしながら問題をスリップさせていく……。そこに筋道立った因果律や合理的解釈の入りこむ余地のないことはいうまでもありません。折口信夫の死者にたいする考え方、そして先祖というものにたいする観念も、そのような性格をそなえているのかもしれません。

山越しの阿弥陀図

いよいよ、釈迢空の筆名による小説『死者の書』の登場を迎えることになります。ところがこの物語の筋を順序立てて略述するのが、つい著者独自の晦渋癖《かいじゅう》にも妨げられてはなはだ難しい。もちろんこの作品の第一の主題が、死者ははたして蘇る《よみがえ》ことができるのか、それが可能であるとしてどのように蘇るのか、というところに置かれていることはいうまでもありません。そこが折口的感性の魅力的なところでもあります。

さて、その小説『死者の書』です。

時代は、奈良に都がおかれていたころ。藤原南家《ふじわらなんけ》の娘がヒロインとして登場します。かの女は、当時新しく中国から伝えられた『阿弥陀《あみだ》経』一巻を千部書写するという願を立てていました。九百部までの写経が終わったころでした。その年の春の彼岸の中日の夕暮方に、かの女は縁に出て西の山の空をみていた。すると太陽が、ちょうど二上山《ふたかみやま》の山の端にかかろうとしていました。やがて光が薄れていき、山の姿が暗くなった空に鮮やかに映し出されていく。と、その二上山の二つの峰のあいだに、「荘厳な人の俤《おもかげ》」が突然あらわれた。この世のものとは思われない衝撃的な感動がかの女を襲いますが、その「俤」はやがて消える。

だが姫は、つぎの彼岸の中日がくるのを渇くような気持で待つようになります。西の山の端に没する日輪に浮きでる「俤」が阿弥陀仏であることは、もはや疑いえないように思われたからです。そしてその日がふたたびめぐってきたとき、かの女はためらうことなく二上山に吸い寄せられるように登っていった。以後、姫の姿は都からかき消えるように失《う》せる。神隠しにあったのです。

『死者の書』の筋をただ表面的に追っていくと、こうなるでしょう。しかしもうすこし、その筋道の前後に注意してみると、『死者の書』の構成が、かならずしもこのように単純なものではないことがわかります。もっと複雑に交錯する物語やテーマがそこには重層している。

それらの問題については、これからあとにふれますが、さしあたり右のようにこの小説の筋をたどったのには、むろんそれなりの理由があります。その第一は、折口信夫が小説『死者の書』を書く以前に、その祖型にあたるような関連の作品をすでに書いていたということです。『死者の書』の執筆時点は先述したように昭和十四年（一九三九）ですが、それよりさらに十七年前の大正十一年（一九二二）に『神の嫁』という短篇《たんぺん》を書いていました。この『神の嫁』に登場する主人公も同じく藤原南家の姫であり、『死者の書』の場合と同じように「神の嫁」として神隠しにあう。短篇『神の嫁』は未完に終わった作品ですが、しかしこの二つの作品のあいだには明らかに共通のテーマを見出《みいだ》すことができます。

それとともに第二の理由として、二上山という西の山に沈む日輪の意味について注目したいからです。さきに私は、この日輪に「荘厳な人の俤」が浮かび、それがやがて阿弥陀仏のイメージと重なっていくということを指摘しました。そのような構想が、一般に「山越しの阿弥陀図」として知られる仏教絵画の映像と結びついたものであることはいうまでもありません。画面の中央に浮きでる山の端に阿弥陀仏が胸から上の豊かな半身をあらわにしている図です。

折口信夫は『死者の書』を書きすすめていくとき、この「山越しの阿弥陀図」のイメージをいつも思い浮かべていました。なぜならかれには、この仏教絵画に隠されている謎を解こうとして小説『死者の書』を発想していたふしがあるからです。それはどういうことか。

折口は昭和十九年になって「山越しの阿弥陀像の画因」(『折口信夫全集』第二十七巻、一七四〜一九八頁)という論文を発表しています。『死者の書』を書いた五年後のことです。そのなかで、自分がなぜ『死者の書』を執筆しなければならなかったか、その直接的な動機について語っているからです。つぎのような話からはじまります。

昔から春と秋の彼岸の中日前後には、日祀《ひまつ》りをする風習がおこなわれていた。日の出から日の入りまで、日を迎え日を送り、また日かげとともに歩み日かげとともに憩うという信仰の生活である。こうして彼岸の中日には朝は東に、夕方は西へむいて歩いていく。この風習は、昔は若い女たちが中心になっておこなっていたが、地方に多くみられる「山ごもり」や「野遊び」のしきたりもこの日祀りの行事に発するものだった。この『死者の書』のヒロインの行動も、さかのぼっていけばこのような日祀りの記憶につながっていく……。

このように小説『死者の書』という作品は、何よりもまずさきにのべた「神隠し」のモチーフと、それから右にみた「日祀り」という古くからの民俗伝承を念頭において発想されたものだったことが、折口自身の言葉で明らかにされたのです。そこに直接の動機が横たわり、その上に仏教の浄土信仰や西方願望のモチーフが重ねられ、中将姫《ちゅうじょうひめ》伝説が注入されたということになるでしょう。

この中将姫伝説というのは、中将姫が浄土の荘厳を映し出す当麻マンダラを一夜にして織りあげたというあの伝承のことです。貴族の姫が神隠しにあって山中に入り、そこで阿弥陀仏の導きによって蓮の花で浄土マンダラを織りあげるという、よく知られた話です。それが藤原南家の姫君の運命と結びつけられたわけです。

こうして『死者の書』には、筋書き自体からいっても、いまあげたような伝承や物語をつらねる重層化の工夫がなされているわけです。その重層化のからくりを、いわば舞台裏の側から照射して謎解きをしてみせたのが、「山越しの阿弥陀像の画因」という論文でした。まさに自作自注の試みだったといっていいでしょう。

死と蘇りの物語

さて折口は右の論文で、はたして『死者の書』の創作動機のすべてを明かしているのでしょうか。そこが、つぎの問題となります。この論文はたしかに「山越しの阿弥陀像」が制作されるにいたった「画因」を語ってはいます。けれども『死者の書』、つまり「死者の蘇り」の問題についてはまだ論じてはいない。神隠しと日祀りのテーマ、また浄土信仰や中将姫の伝説は問題にされているけれども、「死者の書」の中心的テーマにはふみこんでいない。

しかし『死者の書』を読みすすめていけばわかりますが、それがじつは若くして処刑された大津皇子《おおつのみこ》（志賀津彦《しがつひこ》）の死と蘇りの物語であることが明らかになります。大津皇子とは、天武《てんむ》天皇の第三皇子でしたが、天皇の死後、皇位継承をめぐる政争に破れて不幸な死をとげた人物です。さきにのべた西山に浮きでる日輪にあらわれる「死者の俤」は、まさにその志賀津彦の顔だったのです。さらに読みすすめていけばわかりますが、この大津皇子の顔が、やがてさきの山越えの阿弥陀仏の俤としだいに重なっていく、中将姫の恋人のそれへと合体していく……。さきの神隠しと中将姫の物語はたしかに、『死者の書』を創作する場合の重要な背景的な要因をなしてはいますが、しかし本当の主人公は「死者」である大津皇子（志賀津彦）であり、その蘇りの物語が小説をつらぬく主題だった。だからこそこの小説は『死者の書』として発想され、書かれたにちがいないのです。

そこで、あらためて目を『死者の書』そのものに近づけてみることにしましょう。とりわけその冒頭の箇所に焦点をあててみることにします。

処刑され死体になっている大津皇子（志賀津彦）が、暗黒の岩窟で、いままさに目覚めようとしている。死者の眠りからの覚醒過程が精細に描かれていく。それも死者の側から、死者自身の感覚を通して浮き彫りにされていく。死者が自分の死を語ろうしている。そのことが生きている者の感情をつよく刺激する。

彼《か》の人の眠りは、徐《しず》かに覚めて行った。まっ黒い夜の中に、更に冷え圧するものの澱んでいるなかに、目のあいて来るのを、覚えたのである。

したたした。耳に伝うように来るのは、水の垂れる音か。ただ凍りつくような暗闇の中で、おのずと睫と睫とが離れて来る。

膝が、肱《ひじ》が、徐《おもむ》ろに埋れていた感覚をとり戻して来るらしく、彼《か》の人《ひと》の頭に響いて居るもの――。全身にこわばった筋が、僅かな響きを立てて、掌・足の裏に到るまで、ひきつれを起しかけているのだ。

そうして、なお深い闇。ぽっちりと目をあいて見廻す瞳に、まず圧《あつ》しかかる黒い巌の天井を意識した。次いで、氷になった岩牀《いわどこ》。両脇に垂れさがる荒石の壁。したしたと、岩《いわ》伝《づた》う雫《しずく》の音。

時がたった――。眠りの深さが、はじめて頭に浮んで来る。長い眠りであった。けれども亦《また》、浅い夢ばかりを見続けて居た気がする。うつらうつら思っていた考えが、現実に繋って、ありありと、目に沁みついているようである。

（『死者の書』角川ソフィア文庫、七～八頁）

死者（皇子）の耳に「した　した　した」と水の垂れる音が聞える。ついで目があく、さらに全身の筋がひきつれをおこす。つまり聴覚が蘇り、視覚がもどり、からだが痛覚を感ずる。まるで小動物が身もだえをはじめているようです。

やがて意識が目覚める。ぼんやりした観念が浮かぶ。それが記憶を呼びもどす。皇子の死に枯れたからだに過去の記憶がひろがり、それが言葉となって喉をついて出ます。生命のリズムがすこしずつ回復していきます。

足の踝《くるぶし》が、膝の膕《ひつかがみ》が、腰のつがいが、頸のつけ根が、顳顬《こめかみ》が、ぼんの窪が――と、段々上って来るひよめきの為に蠢《うごめ》いた。

ばらばらの骨がくっつきはじめ、形となっていくありさまが描かれます。しかし皇子をとり囲んでいるのは、いぜんとして真っ暗な常闇の空間です。かれ（死者）ははじめ、自分が現《うつ》し身ならぬ幽《かく》り身であることに気がつかない。

やがて皇子は蘇りはじめた記憶に導かれて、自分が殺されて死んだ死者であることを思いおこし、葬られて墓のなかにいる自分を意識する。骸《むくろ》に血が通いはじめます。そのうち、横たわっているその骸に、山麓でうたっている姉の挽歌《ばんか》の声がきこえてくる。

うつそみの人なる我や。明日よりは、二上《ふたかみ》山を愛兄弟《いろせ》と思はむ

生者（姉）からの死者（弟）への呼びかけである。姉による魂ふりの力が骸に放たれている。変化のきざしがあらわれます。岩窟のなかの寒気が意識され、体中にさらに温かい血が通いだす。すると、どこからか魂呼《たまよ》ばいをおこなう人びとの声がきこえてきます。さきの姉のうたう挽歌の声に重なるように……。

そのころちょうど都では、一人の高貴な姫（藤原南家の郎女）が行方不明になっていた。

神隠しにあったとの噂が立っていました。その姫を探しだすために九人の家人《けにん》がさしむけられ、さ迷いでた郎女の魂を呼びもどそうと「魂ごいの行」をはじめていたのでした。——死者蘇りの物語と神隠しのテーマがここで結びつけられているのです。いってみれば折口信夫による一世一代の工夫でした。苦肉の策だったのかもしれません。

こう。こう。お出でなされ。藤原南家《なんけ》郎女《いらつめ》の御魂《みたま》。こんな奥山に、迷うて居るものではない。早く、もとの身に戻れ。こう　こう。お身さまの魂《たま》を、今、山たずね尋ねて、尋ねあてたおれたちぞよ。こう　こう　こう。

その「魂ごいの行」の声を、岩窟のなかに横たわる死者がきく。それは神隠れした姫にとどかせるために発せられた声であったが、それより早く、死者の骸が鋭く反応し、「おおう」という異様な声でそれに和した。家人の九人は、その異様なおめき声をきいて恐怖に襲われ、逃げ去ってしまいます。そのあとには、ただ「おおう……」という声ばかりが、山と谷に響いた……。それはまさに、冥界からこの現し世にむかって発せられた死者の呼び声だったといっていいでしょう。

それではかれは、どのようにしてこの現し世に生還することができたのでしょうか。死者は蘇って、生者のかたちを手にすることができたのか。しかしそれは、このあとのべるようにそもそも不可能なことでした。なぜならそれが「死者」の運命であり、『死者の書』という物語世界の掟《おきて》だったからです。折口信夫から、「先祖」という言葉がつむぎ出されることがなかった所以《ゆえん》です。先走っていってしまえば、その「死者」の運命を「先祖」への系譜へとつなぎとめようとしたのが、じつは柳田国男の仕事だったのです。その問題に入る前に、ふたたび『死者の書』の物語にもどることにします。

死者から死者への転生

大津皇子が岩窟のなかで「おおう」とうめき声をあげて、すこしずつ生気をとりもどしつつあったときです。地上では、もう一つの事件が進行していました。藤原南家の姫が失踪し、二上山にまぎれこんで庵《いおり》住まいをしていた。そこに当麻の里の老女の姿をした語《かた》り部《べ》があらわれ、郎女にむかって昔語りをはじめます――。かつて大津皇子が処刑されるとき、いまわのきわに南家の姫の姿をかいまみた。藤原鎌足《かまたり》の娘にあたる耳面刀自《みみものとじ》である。それがこの世への心残りとなり、その執念が時をへだてて、いま汝《なんじ》、郎女を呼び寄せようとしている。なぜなら、あなたはあの耳面刀自の遠い血縁にあたる姫だからである……。

郎女がその二上山にさ迷いこんだのは、昨年の彼岸の中日に、都で荘厳な落日の光景をみたからでした。そこに、金色の御仏《みほとけ》の姿をみたからだった。白い肌をあらわにした美しい肩、ふくよかな顔と匂い立つような唇の朱、そして眉が秀で夢見るように目を伏せた、その「俤」を見たからでした。

その「俤」が語り部の老女の言葉と共鳴して、しだいに皇子のイメージと重なっていく。やがて郎女は皇子と御仏のあいだの区別がつかなくなり、混濁した意識のなかに入ってしまいます。

郎女の意識の変化に呼応したのでしょうか。地下に眠る皇子も、いつのまにか耳面刀自と郎女を混同している。それどころか、ほとんど同一視している。皇子の「おおう」という叫び声が耳面刀自を飛びこえて、郎女の心にとどいてしまったのです。

物語はこうして、地下の世界と地上の世界と対応させながら展開していきます。岩窟では皇子の骸がしずかに蘇り、二十になったばかりの姫は落日浄土にあこがれて二上山に身を隠している。その郎女の意識の底に、冥界から発せられる皇子の叫び声がこだましている。

ある夜、郎女は夢をみた。海の中道《なかみち》を歩いていて、大浪に打ちたおされ、裸身のまま水の上に輝きを放って浮かんでいます。その水のなかに死者（皇子）のイメージがあらわれては消えていく。かと思うと、いつのまにか仏の姿が光のなかに漂っています。美しい白い肌、浄《きよ》く伏せた眉が、郎女の寝姿を見下しています。それはまぎれもなく、かの日の夕、二上山でみた「俤びと」の姿でした。

郎女は一方で、死者の世界に惹《ひ》きつけられている。大津皇子の叫び声に招き寄せられています。だが他方でかの女は、落日にみた荘厳な仏の海＝俤によって身動きすることができない。その磁石に吸い寄せられていく自分をどうすることもできません。その反対の極に引き合う二つのイメージの前に、かの女は裸身を投げだしています。それは官能の流れにぬれた肉体ですが、そのエロスの渇きはついにこの世では癒《いや》されることがない。なぜなら皇子は、肉身によるこの世への復活をとげることのできない「死者」だからです。同じように落日に映る御仏の美しい姿もまた、かの女の官能の裸身に応答することがない。それは浄土という名の永遠のかなたへと、しだいに遠ざかっていく「俤びと」だからです。

近代人・折口信夫が、そこに立っています。死者という存在の終わりの運命を知っている近代人の悲しみ、といってもいいでしょう。死骸の蘇りが魂の復活をともなうことを、観念では知っていても、しかしついに実感はできない近代人の悲しみです。かつて「餓鬼阿弥」の蘇りについて、その昔語りを分析した近代人・折口信夫は、創作の『死者の書』の物語においては自分のおかれていた運命の地平から飛翔《ひしょう》することができなかった、ということです。もっとも折口信夫は魂の蘇生ということの重大性について知らなかったわけではありません。ただ、この『死者の書』においてはその重大なテーマを仏教的な死生観にスライドさせ、落日の荘厳に彩られる浄土信仰にあずけるほかなかったからです。折口信夫という人間にたいする大陸伝来の思想圧力だったといっていいでしょう。「死者」の霊（魂）は具象的には「仏」の姿に仮託されて浄土におもむくことになったというわけです。

カミの世界観とホトケの宇宙観の微妙に交錯し融合していくありさまが、じつに美しい二重の物語を通して織りあげられていく。皇子の魂は現《うつつ》へと回帰することを断念して、浄土への軌道にのって上昇していく。かれの魂はやがて御仏そのものと合体するはずです。『死者の書』の、考え抜かれた最後の場面が、こうして訪れます。

ふたたび秋彼岸の中日、その夕方のことでした。暴風《あらし》がやってきた。空はますます青く澄み、昏《くら》くなるころには、藍のように色が濃くなっていきます。今や、二上山の山の端は茜《あかね》色に輝いている。郎女は寺の門の前に立って、山の端の空に見入っている。

此二つの峰の間《あいだ》の広い空際《そらぎわ》。薄れかかった茜の雲が、急に輝き出して、白銀《はくぎん》の炎をあげて来る。山の間《ま》に充満して居た夕闇は、光りに照されて、紫だって動きはじめた。そうして暫らくは、外に動くもののない明るさ。山の空は、唯白々《ただただ》として、照り出されて居た。

そのとき、肌、肩、脇、胸……俤人の豊かな姿が、山の尾上《おのえ》の松原の上にあらわれる。半身をぐっと抜き出した尊い御仏の姿である。昨年の秋、二上山にみて以来のことでした。

彼岸中日のそのとき、山の端で皇子は完全に仏と化したのです。皇子の魂が仏の中に吸いこまれていきました。郎女は、その皇子の魂と合体した仏にむかって、「なも　阿弥陀ほとけ。あなとうと　阿弥陀ほとけ」と讃《たた》えている。郎女は皇子の、この世に蘇る現し身を見ることは残念ながらできませんでした。けれども、かの女の満たされざる官能の疼《うず》きは、いまこうして仏と完全に合体した皇子の俤を通して癒され、満たされようとしている……。

『死者の書』は「死者」の蘇りを主題とした作品だった。しかしその「死者」はついにこの現し世には蘇ることができない。藤原南家の郎女と邂逅《かいこう》することができない。姫の官能の疼きを、その蘇ったからだで癒すことができない。それにかわって姫が手にしたのが死者の魂との感応でした。かれら二人は、いくらはげしく求め合い呼び合おうとも、肉体的交合によって子孫をつくる道を閉ざされていたのです。

『死者の書』はこうして、山中の岩窟の死者が山越えをするもう一つの死者の運命を選びとる物語だったのではないでしょうか。未完の死者（いわば屍）が完璧な死者（往生者）となるための遍歴の物語であったともいえそうです。暗闇に閉じこめられた死者が浄福の死者へと転生する物語でした。

折口の「死者」から柳田の「先祖」へ

折口信夫とつき合って、胸突き八丁の坂をのぼってきたような気がします。作者が仕掛けた巧妙な物語の糸をたどって、その急坂をのぼってきたのです。意外にも、前方の虚空に開けてきたのは、何とも寂しい風が吹いている光景でした。郎女の唱える「阿弥陀ほとけ」のイメージが、とてもたしかな「死者」の蘇りの姿にはみえてこない。いってみれば血が通っていない。『死者の書』はあくまでも「死者」の物語の書であって、血の通う「先祖」の物語になっていない。なぜなら山の端に半身をみせる「阿弥陀ほとけ」は、藤原南家の姫の身もだえする嘆きの声を振り捨てるように、山のかなたの遠い国に歩み去り遠ざかっていくようにしかみえないからです。

気がつくと、姫の絶望と孤独の声だけが虚空にこだましている。死者は、肉身の片鱗《へんりん》を一瞬みせるだけでこの現し世を通りすぎていくだけです。のこされたかの女は、その俤を追い、この世の関門をくぐり抜け、永遠に身を隠して生きていくほかはない。

男の俤に魅せられた女は、エロスの歓《よろこ》びをうたう道を遮断され、もう一つのタナトスの回路をたどって死にゆく者として生きていくほかはありません。

このようにみてくると、折口の『死者の書』はやはり、どこまでも死者の運命を主題とする小説であったことが見えてきます。それは「死者」を生きる男と女の物語でした。そうであればこそ、この皇子の魂の渇きと姫のはげしい想いは、ついにこの現し世において出会うことはできないのでした。

こうもいえるかもしれません。大津皇子はついに、その肉身の内部にたぎり立つ血流を蘇らせることができた。しかし、かれはその血の流れを凍結したまま浄土へとおもむかなければなりません。そしてまた阿弥陀ほとけの白々とした肌、肩、胸……からも、この世に通う血が流れ出てくることはないでしょう。この世の掟につながる血縁の観念がその新しい世界では確実に絶ち切られている。子どもを生むことを拒まれた郎女は生殖の不能という岩壁に立たされて、はるかに沈みゆく落日の光景をみているだけでした。

折口信夫の『死者の書』はもしかすると、折口自身が「死者」の運命に無限の関心と憧憬を寄せた求愛の書であったといえるかもしれません。ただそのはげしい求愛は、血縁の拒否という固い決意によってその深層の方向が定められていた。そこからは、誤解をおそれずにいえば、血というものにたいする折口の深い嘆きの声、血縁というものにたいするかれの絶望的な呪いの叫び声がこだましている。

折口は、「死者」のかなたに、「先祖」という存在を認めようとしなかったようです。さらにいえば「先祖」という、人々によって親しまれ、祀られる、なつかしい「死者」の存在にたいして柳田のように正当な席を与《あた》えることができない人だったといっていいでしょう。いってみれば、血縁嫌いというか、親族的な血の呪いを怖《おそ》れ、それを恐怖しつづけた人間折口信夫の思いがそこにこもっていたのかもしれません。それがおそらく脱血縁の思想にまでつよめられていたのです。

それにたいして、「死者」の運命にそれこそ血流を通して「先祖」への道筋を明らかにしようとしたのが柳田国男でした。柳田こそは、この国における「先祖」の物語を発掘した最大の功労者だったといえるかもしれません。その物語の中心の軸が、死者を「祖先の霊」すなわち「祖霊」として祀り、生き残った者たちの加護と幸せを祈るというものでした。この祖霊たちを祭祀することで、「家」の繁栄と永続を祈願する。このような先祖崇拝を通してはじめて、死者と生者の相互交流のシステムができあがっていった、そう柳田国男は考えたのでした。

ようやく、折口信夫との別れのときがきたようです。われわれの主題からすると、折口の『死者の書』から柳田の『先祖の話』へと転換するとき、といってもいい。死者の物語から新たな先祖の物語を紡ぎだすときがきたわけです。

柳田をめぐる三つの問い

柳田国男は明治八年（一八七五）に兵庫で生まれ、昭和三十七年（一九六二）に世を去っています。八十七歳でしたが、今日まで生きていれば百四十二歳になっているはずです。

柳田国男は、民俗学という新しい学問の創始者といわれていますが、もちろんそんな狭小な枠に収まるような人物ではありません。もしも今日まで生き残っていれば、日本と世界にたいして精力的な発言をつづけ、深みのある実践活動に身をのりだしているにちがいありません。

それを知るためには、まず三つの問いを発してみることです。第一、明治の開化期においてかれは何を考えていたのか。第二、わが国の中世の動乱期を背景にして、今日のわれわれにどのような警鐘を鳴らそうとしていたか。第三、この国の骨格をつくった古代世界を胸中に収めて、いったいどんな構想、どんな感概をもらしたか。

第一の問いに答えてみましょう。このことについては前にも書きましたが、少々視点を変えて、ここでもおさらいのつもりでふれておきます。かれは東京帝国大学を出て農政官僚になりましたが、新しい日本を誕生させるためには自立農民の育成が不可欠であると考えていました。福沢諭吉《ふくざわゆきち》のいう富国強兵に代えて農業の改良による産業社会の建設に意欲を燃やしていた。その構想の独自性が当時の『時代ト農政』（明治四十三年刊）という仕事のなかに結晶しています。七年前、『遠野物語』の刊行百年を祝う行事が各地でおこなわれましたが、同時にその時期はさきの『時代ト農政』百年の重要な節目でもあったことを忘れてはならないでしょう。柳田のこの構想は、第二次世界大戦後の「農地解放」によって半ば達せられましたが、やがてこの国はその後の失政によって農業の荒廃を招き、食料自給率四割という哀れな状態に陥っています。柳田の仕事の永続的性格と未来性が、そこから反《かえ》って浮かびあがってくるではありませんか。

第二の問いはどうでしょうか。柳田はいつごろからか、日本人の衣・食・住にかんする生活様式が、いつどのようにしてつくられたかという問題につよい関心をもつようになっていました。かれの『木綿以前の事』（昭和十四年刊）や『食物と心臓』（昭和十五年刊）を読めばわかりますが、日本人のライフスタイルの骨格をなす衣・食・住が定まるのはほぼ十五世紀の動乱期（応仁《おうにん》の乱）においてであると考えていたようです。当時、これと同じことを主張していた歴史家に内藤湖南《ないとうこなん》がいますが、資料の博捜と緻密な諸地方の調査によって積みあげられた柳田の仕事は、他の追随を許さぬ水準に達していました。創造的な生活様式は動乱期においてこそ発芽するということをかれは見すえていたのかもしれません。柳田の学問の先見性、といっていいでしょう。

第三の問いに移ります。もしもかれが平安京の片隅に腰を下ろして現代のわれわれの右往左往する姿を見渡したとしたら、いったいどんなことを語り出すか。新しい国づくりには、この列島の民族がどこからきてどこに行こうとしているか、それを見定めることからはじめなければならぬ、というでしょう。かれの『海上の道』（昭和三十六年刊）や『山の人生』（大正十五年刊）という代表的な仕事を読めばわかりますが、この日本列島人が海と山の狭小な地域に囲まれ我慢づよく生きつづけてきた民族であることを解き明かしています。柳田国男はこの国の島々をはじめ山野河海をたどり歩き、海の幸と山の幸にかかわる豊かな物産目録（＝現代風土記）を書きつづけるとともに、そこから汲みだされた珠玉の伝承と知識（たとえば『桃太郎の誕生』など）を世の中に提供したのです。

そしてもう一つここで欠かすことのできないのが、敗戦直前のころからかれが書き継いで仕上げた『先祖の話』（昭和二十一年刊）という作品でした。戦争で非業の死をとげた若者たちの鎮魂のためやむにやまれずとりくんだ仕事でしたが、それはまさに『万葉集』以来の死者を悼む挽歌の伝承を重んじ、その歌詠みの心情に殉ずるような覚悟をあらわすものでした。若い世代を戦場に送った贖罪《しょくざい》の思いがその胸中にこみあげていたにちがいありません。かれは日本列島千年の伝統を背景にして、現代日本の問題性を語ることのできる人間でした。

右の三つの問いに答えているうちに、柳田国男という人間がもっているいい知れぬ魅力と可能性のようなものがあらためて浮かびあがってきます。その現実味を帯びた多くの指摘が、この日本社会の崩れ去ろうとしている心臓部をあやまたず突き刺している光景がみえるではありませんか。

柳田の危機意識

それでは日本の敗戦前後のころ、かれはなぜ『先祖の話』を書いていたのか。書かねばならぬと考えたのか。おそらくそのときかれは、ひそかに折口信夫が唱えた「死者」をめぐる議論を念頭におき、それを意識しながら書いていたのではないでしょうか。

この日本列島において、人々が「先祖」とか「ご先祖さま」とかいってきた伝統的な習慣のなかに何があるのか、その背景にどのような問題があるのか、そう考えていたにちがいありません。折口はそのことを「死者」の問題を手がかりに、「創作」の形を通して明らかにしようとしました。これにたいして柳田は、日ごろ主張していた「常民」的な語り口を通して、エッセイ風に語りはじめるのです。

もう一つ、つけ加えたいことがあります。ちょうどそのころ、この国の普通の家庭ではどこでもみられる印象的な風景がありました。家のどこかに祀っている神棚や仏壇に、毎朝のように炊きたてのご飯の最初の一椀《わん》を供え、チンと鉦《かね》を鳴らしたり、手を合わせたり柏手《かしわで》を打ったりすることでした。そしてここが重要なところですが、その神棚や仏壇にはカミやホトケと並んで「ご先祖さま」の位牌《いはい》が並べられていたのです。唱えごとも「ナンマンダ」だったり「ナムミョウホーレンゲキョウ」だったり、また「ナムダイシヘンジョウコンゴウ（南無大師遍照金剛）」だったりしました。それがごく普通の家庭でどこでもおこなわれていた供養のお勤めでした。神さまも仏さまも、そしてご先祖さまも同じように拝礼と供養の対象だったのです。

そうしないことには一日がはじまらない。毎日の暮らしが何となく落ち着かない。そういう時代だったことが今さらのように思いおこされます。しかし、もしかしたら柳田国男が『先祖の話』を書きはじめたころには、そのような日常の風習がしだいに衰えはじめていたのかもしれません。いや、むしろ衰えはじめていたからこそ、かれはわれわれの「先祖」について後の世のために書き残さなければならないと考えたのかもしれません。この『先祖の話』を読みすすめていくと、そのような柳田国男の危機意識のようなものがひしひしと伝わってくるからです。戦後日本の復興のため、日本人の心の拠《よ》りどころを明らかにし、自信をとりもどしてもらおうと、それで『先祖の話』にとりくんだのではないでしょうか。

私はさきにこの書物が、戦争で非業の死をとげた若者たちの鎮魂のため、若い世代を戦場に送った大人たちの贖罪の思いを胸中に抱きながら書かれたのだろうといいました。それはまさに、『万葉集』以来の「死者」を悼む挽歌の伝承にのっとる行為であり、その歌詠みたちの心情に殉ずる覚悟をあらわしているのではないかと書きました。

まずそのことを念頭に、以下において、さらに『先祖の話』の核になる世界に分け入ってみることにしましょう。

先祖とは何か

そもそも「先祖」とは何か。何だったのか。一口にいうと、まず「先祖」とは、死者の霊が一定の期間を経てしだいに清められ、やがて崇拝・祭祀《さいし》の対象とされるようになった存在、ということができるでしょう。これを心理的にいい直すと、死者の霊は生者に危害を加える恐怖の源泉ですが、しかしこの死霊は供養と祭祀によって浄化されてご先祖さまとなり、生者や共同体を守る親しい対象となります。それはかつて人類学者たちが進化論の立場から説いたように、先祖にたいする崇拝はカミ（神）にたいする崇拝の一歩手前の段階を示している。けれども、この先祖の観念をもたない未開宗教よりは一歩進んだ段階をあらわしているともいえるでしょう。つまりそういう点では、先祖は死霊と神の中間段階をあらわしていることになります。

またこの先祖には、家族や部族や国家の祖先という多様な観念も含まれていたと考えられ、柳田もそのことをみとめていたと思われますが、それらの問題もさることながら、かれの考えの根本には、日本人における先祖信仰には家族や同族および家との一体化と、その永続性を願う気持がつよくはたらいている、という思想がありました。そしてこの点が、さきの折口信夫の人間観とはもっとも違うところでした。

折口がくり返しいっていたことは、死んでも「他界」に落ちつくことのできない「未完成の霊」は、のちの時代にいわれるようになった「成仏せぬ霊」と同じように、祟りをなすものと考え、その未完成の霊を「先祖」に導くのに「家」とか「血縁」に関心を寄せることがほとんどなかったからです。かれが生涯独身を通し、家の存続に不可欠の子孫をのこさなかったことと、それは深い関係があるはずです。

さて、ふたたび柳田国男の「先祖」観ですが、そもそも一般的には先祖という考えは農耕社会の成立と深くかかわるとされてきました。とりわけ日本のように長いあいだ稲作農業を生活の基調にしてきた文化圏では、さきにもふれたように家と稲作の永続を願う気持を、先祖（霊）と稲の霊の永続を願う観念へとさらに発達させていきます。じつは、その問題を体系的に論じたのが柳田国男だったのです。

かれによれば、死者の霊は家の裏山や村の境界をなす山にのぼって鎮まるが、やがて供養と浄化の一定期間（四十九日、百箇日、三十三回忌など）を経て、祖霊（すなわち先祖）となり、さらにカミの地位へと上昇するのだという。その場合、ここがポイントになりますが、個々の祖霊はそれぞれの個性を捨てて大きな集合としての霊体に統合される。しかし、そのうちの特定の先祖の霊がカミへの過程を経て、氏神の地位につく、と考えたのでした。

この氏神は村を守護する産土神《うぶすながみ》の性格をもつようになりますが、これにたいして個々の先祖の方は、同時に農神や稲霊の姿をとって、農作業の節目ごとに家々を訪れると考えたのです。すなわち正月に訪れてくる歳徳神《としとくじん》や年神《としがみ》、正月さまや田の神などがそれにあたります。このうち田の神は田植えの季節の春には山から里や田に下り、稲の収穫後の冬になると山に入って山の神になるのだという。こうして柳田の考えによると、生者の世界と死者の世界はこの先祖（霊）を媒介にして循環していて、それによって家と稲作の永続を願う、共同体（村々）の繁栄を期待するということになるのです。

つぎに重要なことは、これまでのべてきた先祖の観念にたいして外来宗教としての仏教がどのような態度を示したのかということでした。仏教の教理にはもともと先祖崇拝は含まれていませんでしたが、仏教の伝来直後の飛鳥時代からすでに「父母七世の供養」という先祖祭の形式がとり入れられるようになりました。これはもと中国の儒教からきたものと考えられますが、これが中世から近世にかけて受けつがれ、さまざまな盆行事とならんで「先祖之霊」または「御精霊様《おしょらいさま》」を祀る慣習となって広まっていくのです。

こうして日本の仏教教団では、とくに江戸時代に入ってから、この民間信仰の先祖崇拝が吸収されていく。よくいわれるように幕府はそれを機に寺檀《じだん》制度と墓制度を整備して、経済的な発展をとげるようになるわけです。また、この時代の日本の祖先崇拝は、とくに儒教の「孝」にもとづく倫理観をつよめていきますが、それが明治維新とともに国家神道が説かれるようになると、こんどは伝統的な民間信仰＝先祖崇拝とは異なる政治的な意味づけがほどこされるようになりました。このことについては、またあとからのべますが、いずれにしても日本の近代国家において、このような先祖にたいする特別の観念と心情が保たれ、持続的に温存されてきた例は、ほかの国々にはほとんどみられないことでした。このような点においても『先祖の話』は、日本文化の根底を明らかにする上できわめて重要なテーマであったといわなければなりません。

第五章　往生と看取り

山岳信仰と万物生命観

これまで、折口信夫《おりくちしのぶ》による死者観を念頭に、柳田国男《やなぎたくにお》の先祖観について考えてきました。それはいわば、柳田にとって日本列島人の信仰の根本について内省することでしたが、この信仰には大きくいって三つの思想的な流れがあったことに気づきます。日本人のベーシックな信仰を生みだした思想の流れといってもいいでしょう。換言すれば日本人の「宗教」を考える三つの大枠であります。ここではその問題について、多少は重複しますが、略述しておくことにします。すなわち、その第一点が山岳信仰、第二点は浄土信仰、第三点が遺骨信仰です。とくにこの第三の遺骨信仰は、これまでもしばしばのべてきましたように日本文化の根底にふれる、日本人における「宗教嫌いの骨好き」の生き方に深くかかわっていることにご注意いただきたいのです。

さて、第一の山岳信仰についてですが、今から三十年ほど前のことです。東京に「電通」という大きな広告会社がありますが、そこが面白い企画を立てました。この日本列島を三〇〇〇メートル上空から空撮するという企画です。沖縄から本州、北海道の宗谷海峡まで、三〇〇〇メートルの上空から空撮して、それを一時間のビデオに編集したのです。

　これを見て、私は驚きました。沖縄を飛んでいるあたりは眼下は一面の海です。なるほど、日本列島は海に囲まれている、これは実感でよくわかりました。ところが、九州から本州、北海道へと北上していくと、行けども行けども、山また山、森また森なのです。関西の平地も関東の大平野も見えません。三〇〇〇メートルの上空から日本列島を見下ろすと、日本は根本的には森林社会、山岳社会、そして海洋社会なんだと思い知らされたのです。学校の教科書では、日本は稲作農耕社会だと教えられてきたのに、三〇〇〇メートル上空から見下ろすと、稲作農耕社会の痕跡がまったく見られない。

　しかしここで、よくよく考えると、それが高さのトリックだったということに気がつきます。というのは、そのセスナ機がかりに一〇〇〇メートルまで下降すると、しだいに稲作農耕社会の景観がみえてくるはずだからです。さらに飛行機が五〇〇、三〇〇メートルに降下していくと、こんどは工場地帯があらわれ大都市の姿が眼前に迫ってくる、明治以降の産業社会が展開してくるはずです。

　そう思ったとき、この日本列島が森林社会、農耕社会、近代社会の三層構造でできあがっていることがわかりました。それだけではありません。その三層構造がわれわれ日本人の心の深層に、縄文的山岳地帯から影響を受けた信仰や心情が、いわば地下水のように流れていることを実感できた。それはけっして縄文時代といわれる二千年前の話なのではない。今日の私たちの心の深層にたたえられてきた心情、この日本列島の風土に分かちがたく根ざした感覚、そして森林社会的な世界観と直結しているものであることに思いいたるからです。『万葉集』を思いおこして下さい。そこには、たくさんの死者を悼む歌が出てくることにたびたびふれてきました。挽歌《ばんか》でありますが、それを読むと、死んだ人の魂が山にのぼる、という意味のことがくり返しうたわれている。その魂はこんどは山の頂上にいたり、時をへて、やがてカミになるのです。そして一定の期間が過ぎると、こんどはそのカミが里に下りてくる。死者の魂が山を媒介にして、生の世界と死の世界を往来し、循環しているといってもいいでしょう。

このような信仰は、われわれのこの地上に存在する森羅万象に生命が宿っているという信仰を生みだしていくことにつながったのだと私は思います。万物生命観といってもいいでしょう。死んだ人は、かならず霊魂になって山にのぼりカミになるという信仰です。その人間の運命が万物の生命のあり方と重ねられ、独自の人間観と世界観を生みだしたのです。人はイコール魂です。そして万物もまたイコール魂である、とする生命観がつくられた。そのように考えたとき、あとにのこされた死者の遺体にたいして、古代万葉人が何の興味も関心も示していないことにあらためて気がつきます。遺骸は魂の抜け殻にすぎないと考えられていたからでしょう。ところが、そこへ仏教が大陸からこの日本列島に伝えられて、大きな変化が生じました。それは霊魂と遺骸にたいする万葉人的な観念にも甚大な変容をもたらしたのです。この外来宗教としての仏教のうちで、人間の死後の運命について深い反省をめぐらしたのが、ほかならぬインド伝来の浄土信仰でした。

浄土である山頂に遺骨を納める

ここで、第二の大枠である浄土信仰の新しい展開について考察することになります。この浄土信仰の基本は、人間は死ぬと西方十万億土の浄土におもむいて、そこで仏《ほとけ》になるという考え方でした。これは、そもそもインド人が考えた教えでした。西の方は落日のかなたなので、いかにも人間の死後の運命を象徴している空間です。しかし、よくわからないのが「十万億土」といういい方です。どれくらいの距離なのか、聞かれても答えることができない。無限のかなたというしかありません。このような浄土信仰は、漢訳経典を通して、すでに奈良時代に日本に伝えられていました。けれども当時の日本人は、そのような途方もない十万億土のかなたに浄土があるとは思っていませんでした。この点は日本人のじつに面白いところです。というのもその後、インド人の考えた浄土を自分流に読み換えてしまったからです。つまり浄土は、十万億土のかなたに存在するのではない。浄土は私たちの共同体、私たちの家々をとり巻いている山の頂きにあると考えるようになったからです。このような、山頂に浄土あり、と考えることを一般に「山中浄土観」といいます。

そしてここのところで、仏教以前の山岳信仰と仏教以後の浄土信仰が結びつくのです。それまでの日本列島人は、死んだ人の霊魂は山の頂きに宿ると考えていました。そこへ仏教が入ってきて、浄土は山の頂きにあると考えたとき、人が死んで仏になることは、山の頂きで神《かみ》になることと同じことだと考えたのです。

人は死んで魂が山の頂きにのぼり神になるという山岳信仰、人は死んで山の頂きにのぼり仏になるという浄土信仰――この両者が結びついて神仏習合がおこったのです。神は、イコール仏になったわけです。しかもこの神は同時に死んだ人だったのであり、じつは死者の魂だったわけです。このようにわれわれの信仰の根本には、人と魂、神と仏はすべてイコールでつながっていた。そして、そのような魂のドラマを演出したのが山だったということになります。森林といってもいい。つまりそれがまさに、日本列島の風土そのものだった。このような風土にもとづく考え方の特質は、あまり世界に類例を見出《みいだ》すことができません。われわれの国土は七五パーセントほどが森林や山岳に覆われているといわれます。このような状況に近い国は、カナダの一部と北欧三国ぐらいではないでしょうか。

ですから日本人の信仰、日本人の仏教を考える場合、このような風土的な特徴をふまえることがきわめて重要になります。その手がかりになるようなことが、たとえば平安時代の中期、紫式部《むらさきしきぶ》が『源氏物語』を書いたころにおこっていました。その十世紀ごろから日本人の信仰に大きな変化がおこる。これまでにもふれてきたことですが、しだいに骨にたいする関心がつよくなってくるからです。紫式部の時代、当時の貴族王朝の権力者は藤原《ふじわらの》道長《みちなが》でした。かれは自分の息子の頼通《よりみち》に遺言して、宇治に平等院を建てるように命じた人です。藤原道長のころから、寺を建てて菩提寺《ぼだいじ》とし、死んだ人の遺骨をその菩提寺に葬って供養する風がおこったのです。それ以前にはそういうことはなかった。死者の魂にたいしてはつよい関心を示していたのですが、死者の遺骨にたいしてはさほどの執着心を示すことはありませんでした。その道長や紫式部の時代から百年ほど過ぎたころ、やがて高野《こうや》山《さん》を中心に納骨の慣習がはじまる。そのころすでに高野山の頂上に浄土があるとの信仰が盛んになっていました。

高野山にはたくさんの高野聖《ひじり》という宗教者がいました。聖と呼ばれているように、かれらは高位の僧ではない。死んだ人の遺体を処理したり、供養したりするのが重要な仕事でした。また全国を歩き回り、亡くなった人の家に行き、その遺骨の一部を遺族に代わって高野山の山頂にとどけ、供養するといって、勧進して歩いたのです。高野山の山頂には、すでにそれら亡くなった人々の魂がのぼって仏になっている、その仏になっている魂と、高野聖たちが遺族に代わって山にとどけたその死者の遺骨が合体すると、死者はそのまま成仏するのだ、と説いていたのです。この伝道の方式、つまり勧進のスタイルがだいたい十一世紀ごろにはできあがっていたようです。

山上に遺骨を納めるというところから、このような宗教行動を納骨慣習と呼ぶようになりました。そのような研究の先鞭《せんべん》をつけた人が五来重氏《ごらいしげる》でしたが、氏のいうようにこれはまさに「骨を人質にとる」宗教行動だったといっていい。少々皮肉がききすぎていますが、的を射た評言でした。やがてこの「骨を人質にとる」納骨慣習が江戸時代に入り、お寺と檀家《だんか》を結びつける重要な制度的な絆《きずな》になっていきました。いわゆる檀家制にもとづく葬式仏教が産声をあげることになったわけです。

こうして遺骨にたいする尊重の念が、この納骨慣習を軸に日本人のあいだに急激に広まっていきます。それが、すでにはるか以前からある山岳信仰と結びつき、それに重なるような形で浄土信仰が大きく発展することになった。この国の浄土観を理解しようとするさい、この遺骨信仰の要因を欠くことができないのは、そのためです。われわれの先祖は、遺骨の運命を抜きにしては浄土の世界に想像の翼を広げることができなかったということです。

同じころ、来迎図《らいごうず》という仏教絵画が多く描かれるようになりました。阿弥陀如来《あみだにょらい》が二菩薩《ぼさつ》をしたがえて、浄土からこの世に訪れ、いまや死を迎えようとする人を浄土に導く、というモチーフのもとに描いた絵です。十世紀ごろから鎌倉時代にかけてたくさんの来迎図が描かれましたが、それをみると例外なく画面の中央に大きな山が描きこまれている。その山の上から山を越えるように、山肌にそって阿弥陀如来が雲に乗り、この地上に降りてくる。臨終を迎えようとしている人の近くまでやってくる。その絵を仰ぎみれば、山そのものが浄土と見立てられて描かれていることが一目瞭然です。そこでは、すでに浄土信仰が山岳信仰と一体化してしまっている。死者の霊魂と遺骨の一体化、といってもいい。そういう信仰のあり方が、じつに生き生きと描きだされているのです。

「骨」の形而上学――芭蕉、一休、蓮如

こうして最後に、第三の大枠としての遺骨信仰が登場するわけです。すでに論じたわけでありますが、ここでは、もうすこし別の角度からこの「骨」の問題を探ってみようと思います。つまりわれわれの「骨」信仰の中に眠っている特質に新しい光をあててみたいのです。「骨」そのものに内在する伝統的な価値観、といっていいかもしれません。かつて私はそれを、日本人によって思い描かれた骨の形而上学《けいじじょうがく》と呼んだことがあります。もっともこれまで、たとえば霊魂の哲学とか身体の形而上学とかいう表現はかならずしも奇異ないい方ではありませんでした。むろん荒唐無稽な話でもなかった。しかし、それが「骨」の形而上学ということになると、どういうことになるでしょうか。

少々、視野を広げることにします。イエス・キリストが磔《はりつけ》になったゴルゴタの丘は、『マタイ伝』によれば「されこうべの埋葬場」でした。そもそもヘブライ語でゴルゴタは

「骸骨」を意味していました。同じことはわが国古代における京都の鳥辺野《とりべの》や各地の蓮台《れんだい》野《の》についてもいえますし、そのことの一端についてはすでにのべました。その全国どこにもあった死体埋葬場の「鳥辺野」や「蓮台野」において、イエスのような非業の死をとげた聖者がいたことをわれわれはあまり知りませんが、しかしこの日本列島の「ゴルゴタの丘」に無数の骸骨が野ざらしになっていたことは、いろんな「地獄絵」や「餓鬼草紙」を通して知っている。その点では古代イスラエルの場合と何ら異なるところはありません。

　しかしながら、すでにくり返しのべてきたように、ひとたびその骸骨の内部に目を近づけると、そこに魂のはたらき、あえていうと霊魂の航跡学ともいうべき観念がひそんでいることに気づかされる。ゴルゴタにおける受難と犠牲の舞台とはかなり異なった魂の景観が、鳥辺野や蓮台野にはみられるからです。なぜなら鳥辺野や蓮台野に散乱していた骨は、やがていろんな「観念」の歌をつむぎだすようになったからです。そこにいつのまにか、「されこうべ」や「野ざらし」をめぐる形而上学的ともいうべき物語がつくられるようになったのでした。それがやがて芸道や武道の世界で論じられるようにもなり、芸術論や精神論の一角を形づくるようになったのですから不思議といえば不思議な話です。

　まず松尾《まつお》芭蕉《ばしょう》からはじめましょうか。芭蕉は生涯、旅から旅の人生を送った人でした。元禄《げんろく》二年（一六八九）に江戸深川《ふかがわ》の庵《いおり》を出発して『奥の細道』の旅に出たことは知られていますが、その五年前の貞享《じょうきょう》元年（一六八四）には、「野ざらしを心に風のしむ身哉」の一句を詠んで上方にむかい、旅に出ています。その成果が、知られているように『野ざらし紀行』になって実る。ときに芭蕉四十一歳のときでした。ここでいう「野ざらし」は文字通り野のはてにさらされた骸骨のことで、かれは自分をされこうべ（野ざらし）になぞらえて漂泊に旅立ったわけです。「されこうべ」という言葉は芭蕉にとってはとても身近な、日常的な身体感覚をあらわす言葉だったのでしょう。

ところがその旅から八年経った元禄五年（一六九二）二月十八日に書かれた菅沼曲水《すがぬまきょくすい》あての書簡のなかで、かれは面白いことをいっています。曲水は、当時近江《おうみ》（滋賀県）に住んでいた高弟のひとりでした。

「……また、志を勧め情《じょう》を慰め、あながちに他の是非をとらず、これより実《まこと》の道にも入《い》るべき器なりなど、はるかに定家の骨をさぐり、西行の筋をたどり、楽天が腸を洗ひ、杜子が方寸に入るやから、わづかに都鄙《とひ》かぞへて十《とお》の指伏さず。君も則《すなわ》ちこの十の指たるべし。よく〳〵御つゝしみ、御修行ごもつともに存じ奉り候。」（傍点筆者）

お前さんのやる気を励まし、心情を思っていうのだが、ぜひともほんとうの道に入ってほしい。つまらぬことを、あれこれいおうとするのではない。はるか大昔のことになるが、大事なことはたとえば「藤原定家《ていか》の骨」を探求すること、ついで「西行《さいぎょう》法師の筋」について思いをひそめること、さらには中国の詩人で「白楽天《はくらくてん》の腸」「杜甫の胸の内」に想像力をのばすことだ。以上の四人から学ぶことのできる人物は、全国のわが弟子のなかでまず十人ぐらいだろうが、お前さんはその一人だ。これからもますます精進して修行をつんでほしい……。

なかなか味のある言葉です。そのなかでも、とくに「定家の骨」、「西行の筋」といっているところが思わず考えこませ、含蓄があります。われわれ自身の身体感覚に問いかけるようにして藤原定家と西行の歌の本質をいいあて、比較しようとしているからです。骨と筋という言葉をもってきたところが芭蕉の手柄だったといわなければならない。

一方で芭蕉は、詩歌にかんして尊敬すべき四人の人物をあげつつも、その遺風に浴することのできる人間のすくないことを嘆いています。この書簡で興味があるのは、いまいったように四人の詩人としての資質がそれぞれ身体の器官に擬せられているところですが、本書のテーマからいうととりわけ「定家の骨」が恰好《かっこう》の話題になるでしょう。白楽天を臓《ぞう》腑《ふ》に比し、杜《と》甫《ほ》を方寸（心、胸）に配しているのはともかくとしても、「定家の骨」は「西行の筋」とならんで、芭蕉にとってはきわめて重要な意味をもつ身体イメージだったと思われるからです。定家は、詩歌の本質を「骨」という不動の存在のなかに求めようとしていた。それにたいして西行は、同じ和歌の精髄を「筋肉」のはたらきを通して実現しようとしている——そのように芭蕉の思考は回転していたのではないでしょうか。

定家と西行を、これ以上比較する余裕はありませんが、しかしここで芭蕉によって提起されている「骨」と「筋」という二元的な評価基準は芭蕉に固有のものだったのではないでしょうか。なぜならそれは、かつての伝統的なこの国の芸道論にはるかな水脈を通わす重要な枠組みでもあったからです。

まず、ここは「定家の骨」という芭蕉のいい方にも深くかかわることですが、その藤原定家はすでに古典的な歌論として知られる『毎月抄《まいげつしょう》』という作品を書いていました。そのなかでかれは、くり返し「風骨」とか「性骨」とかいう表現をもちだしてユニークな歌論、芸術論を展開していたのです。芭蕉が「定家の骨」といったのも、そのこととかかわっていました。この「風骨」「性骨」は歌風や歌詠みの性根のようなものを指している。また定家の同時代者の後鳥羽《ごとば》院もその『御口伝《おんくでん》』のなかで、定家を評して「骨」すぐれた生得の上手であるといっています。

もちろん後代になってその定家を非難するものも出ましたが、そのときでも、たとえば室町期の歌僧である正徹《しょうてつ》はその『日記』のなかで定家を弁護し、その「風骨」をうらやみ、これを学ばなければならないといっています。やがて能楽が勃興しますと、こんどは世阿《ぜあ》弥《み》やその娘婿である金春禅竹《こんぱるぜんちく》などが独自の芸能を語るようになり、そのなかで「皮」と「肉」と「骨」をめぐるそれぞれの境位の違いを説くようにもなったのでした。そしてその場合にも、古くからの定家の歌風が「骨」に結びつけられて論じられていた。その伝承が芭蕉のいう「定家の骨をさぐり」という言葉のなかにまで流れつづけていたということになるでしょう。

「定家の骨」といういい方は、たしかに和歌の技巧と洗練を探るために、それこそ彫心鏤《ちょうしんる》骨《こつ》の努力を傾注した定家の姿をよくあらわしたものといえるでしょう。孤愁のただよう密室のなかで身の細るような刻苦精励をつづけた定家の仕事は、いかにも「骨」にたとえられるのにふさわしい。そして芭蕉もまたその「骨」の伝承につらなって、みずから構想する俳諧の一筋道を追い求めようとしたのでした。「骨」の芸道論に一種の生命本質論を求め、それをもろもろの芸道論をつらぬく究極の軸であり、移ろいやすい現象にたいする不変の尺度であると考えたわけです。

それからもう一つ、この第三の大枠としての遺骨信仰のなかで、その番外編の一つとしてとりあげておきたいのが、臨済宗の僧侶、一休宗純《いっきゅうそうじゅん》のいう髑骨哲学です。かれは康正三年（一四五七）に法語『骸骨』をあらわしましたが、そこには人間の姿を象《かたど》る骸骨の仕草を描いた、十二葉から成る絵が挿図として付されていました（市川白弦『一休―乱世に生きた禅者』、日本放送出版協会、一九七〇年）。われわれのこの世は、それこそ「生死事大、無常迅速」だというわけで、このわかりやすいスローガンを一休はユーモアとアイロニーを織りまぜて展開し、絵入りのサービスまでやっています。これが古くから伝えられてきた九相観や白骨観などの瞑想《めいそう》法にもとづいて発想されたものであることはいうまでもない。

九相観とは、屍体《したい》が腐爛《ふらん》して濃血をしたたらせ、蛆虫《うじむし》や鳥獣に食われてしだいに腐敗の度を加え、最後に白骨になって散乱するまでの九段階のありさまを観想する修行のことです。これにたいして白骨観というのは、この最後のプロセスの「骸骨」に意識を集中することでした。骸骨は死者の旅の終着点であり、同時に悟りの世界への出発点でもありました。骨の形而上学がこうしてできあがるのですが、一休はそのような主張をパロディー化して示したのです。そしてこれと同じころ、一休のユーモラスな試みにたいしてその骸骨、無常感を流麗な文章にのせて表現したのが、かれの同時代に生きた本願寺僧侶の蓮如《れんにょ》でした。すなわちかれは、あの有名な「されば朝《あした》に紅顔ありて、夕には白骨となれる身なり」と詠《うた》いあげたのでした。いわゆる「白骨の御文《おふみ》」として知られる言葉です。一休も蓮如も、ともに当時の連歌《れんが》師や能役者と交流し、法談を交えて芸談を楽しむ面のあったことは注目すべきです。僧侶の法話も芸能者の芸談も同じ時代の空気のなかで語られていました。

そして中世におけるこうした「骨」の発見は、その後のわが国における信仰と美意識の行方を占う上で、きわめて重要な契機となったと考えられます。一方における霊山・霊場を中心とする仏舎利信仰や納骨信仰、他方それと並んで、定家や西行、一休や蓮如、そして世阿弥や芭蕉などが説いた骨にかんする禁欲的な美学——その両者が時代のうながしによって出会い、影響しあっていたことが想像されるのです。そして、そのような「骨」観念の変遷が、わが国における文化の質をはかる上で見のがすことのできない要因だったこともわかります。一つは、あの「宗教嫌いの骨好き」の旋律です。それは同時に「信仰嫌いの墓好き」の本音をひびかせてもいる。そして第二に、その旋律と本音こそが日本人の死者・先祖観の行方を占うリトマス試験紙だったということです。

「東京だョおっ母さん」と「九段の母」

話がここまでくれば、自然に口ずさみたくなる歌が蘇《よみがえ》ります。私の場合、それが、あの島倉千代子《しまくらちよこ》さんのうたう「東京だョおっ母さん」でした。昭和三十二年（一九五七）、野村俊夫《のむらとしお》作詞、船村徹《ふなむらとおる》作曲のこの歌謡曲が島倉千代子の声を通して世間に流れると、たちまち大ヒットしたことが思い出されます。

「東京だョおっ母さん」は、息子を戦場で失なった母が田舎から東京に出てくるところからはじまります。東京にいる娘が、その母親を案内して三ヶ所の「聖地」をお参りするという組み立てになっています。最初は二重橋《にじゅうばし》、その次が九段《くだん》の靖国《やすくに》神社、最後は浅草《あさくさ》の観音様です。この三ヶ所の「聖地」巡りというのが、この歌の重要なポイントになっている。いってみれば、これはたんなる東京見物の歌なのではなく、巡礼歌になっているわけです。戦争で亡くなった「兄さん」に逢《あ》って、その霊を慰めるための巡礼行動なのであって、当時の平均的な日本人の心情からすれば、どうしてもこの三ヶ所が必要だったのです。

その歌詞を見てみましょう。

一、久ぶりに　手をひいて／親子で歩ける　嬉しさに
小さい頃が　浮かんで来ますよ／おっ母《か》さん
ここが　ここが　二重橋
記念の写真を　とりましょね
二、やさしかった　兄さんが／田舎《いなか》の話を　聞きたいと
桜の下で　さぞかし待つだろ／おっ母さん
あれが　あれが　九段坂
逢《あ》ったら泣くでしょ　兄さんも
三、さあさ着いた　着きました／達者で永生き　するように
お参りしましょよ　観音様です／おっ母さん
ここが　ここが　浅草よ
お祭りみたいに　賑やかね

今にして思えば、この歌は戦争で息子を失なった田舎の母親が、四国八十八ヶ所霊場を巡るような気持で、あるいは西国三十三観音霊場を巡るような気持で東京に出てきて、戦

争の記憶と深く結びついた三つの場所をお参りする、そういう歌でした。さらにいえば、この「おっ母さん」と娘はまず二重橋に行き、記念の写真を撮ってはみたけれども、戦争で息子が亡くなったことで、本当に心はまだ慰められてはいない。

そこで次に、息子が英霊として祀られている九段に行くのですが、しかしそこに行ってもなお悲しみは癒《いや》されてはいなかったのではないか。こうして最後に、母娘の足は浅草の観音様にむいていく。そこに到着してようやく、ほっとして心の安らぎをえるのです。そういう母娘の姿が、この歌にはじつによく描かれている。島倉さんの優しい旋律の情感にのってうたわれています。天皇信仰、神信仰、そして仏信仰……。その順をふんで、最後の観音様にお参りして、そこではじめて安堵《あんど》の笑顔が出てくる。癒されている。私はこれが、当時の平均的な日本人の、心のもっとも奥深く流れていたノスタルジーのような信仰心だったような気がします。

ところが、どうでしょうか。戦後七十年を経た今日、二番の九段坂のこと、つまり「靖国」神社の問題が社会的に大きくクローズアップされるようになりました。とくに政治の分野で論議されるようになった。それにくらべて、伝統的に祀《まつ》られてきてカミやホトケの世界への関心が相対的に稀薄《きはく》になっているような気がしてなりません。けれども日本人の伝統的な心情や価値観からすれば、本当の慰霊や、真の霊の慰めというのはすでに論じたようにけっして「靖国」だけで完結するものではありませんでした。現にこの「東京だョおっ母さん」がヒットした昭和三十年代には、ほとんどの家には神棚が祀られ、仏壇が置かれていました。しかもその仏壇にはご先祖さまたちの位牌《いはい》が飾られていたのです。神仏共存の世界です。それにご先祖さまも加わったマンダラ世界、といってもいい。その背後には、ご先祖さまは死んだのちは神や仏になる、という長いあいだの信仰が横たわっていました。カミとホトケとご先祖さまは、三つに分かれていても、同時に一体のものだという観念が息づいていたといってもいいでしょう。

さらにもう一つ、当時の多くの家々の奥座敷の壁には、天皇、皇后の「御真影」というものが掛かっていました。これはさきの神棚や仏壇とともにいわば三位一体の形で飾られ祀られていました。戦前ではとくに日本人の家庭における三点セットというべきものでした。そして、この三点セットを東京において象徴するのが二重橋、九段、浅草の三大「聖地」だったのです。ですから、その三つの霊場を巡り歩くことが、そのまま東京巡礼の姿になっていた。この歌が当時の多くの日本人の心に響いたゆえんです。

さて、この「東京だョおっ母さん」によく似た内容の歌が、じつは戦前にもあったことをご存知でしょうか。昭和十四年（一九三九）につくられた「九段の母」が、それです。ちょうど日中戦争の開始（昭和十二年）と太平洋戦争の開始（昭和十六年）にはさまれた時期で、作詞は石松秋二《いしまつしゅうじ》、作曲が能代八郎《のしろはちろう》でした。戦後は軍国主義を宣伝するといわれ、長いあいだ「軍国歌謡」として歌われることがありませんでした。

この歌もまた、日中戦争で戦死した「倅《せがれ》」の霊を慰めるために、田舎から母親が東京に出てくる、そして靖国神社にお参りするという内容でした。最初に「上野駅」とあるところからみると、何となくこの歌の主題の一つになっているのが東北の故郷であるような匂いがただよっています。歌詞をみてみましょう。

一、上野駅から　九段まで／勝手知らない　じれったさ
杖を頼りに一日がかり／倅来たぞや　会いにきた
二、空を衝くよな　大鳥居／こんな立派な　お社に
神とまつられ　もったいなさよ／母は泣けます　うれしさに
三、両手あわせて　ひざまずき／拝むはずみの　お念仏
ハッと気づいて　うろたえました　倅ゆるせよ　田舎者《いなかもの》
四、トビが鷹の子　産んだよで／今じゃ果報が　身にあまる
金鵄《きんし》勲章が　見せたいばかり／会いに来たぞや　九段坂

注目していただきたいのは三番です。「両手あわせて　ひざまずき／拝むはずみの　お念仏／ハッと気づいて　うろたえました」のくだりです。――九段に行き、靖国神社の前

にひざまずいた。手を合わせて、そのとき自然に口をついて出てきたのが「お念仏」だったというのです。おそらくこの作詞家、石松秋二が一番いいたかったこと、書きたかったことは、ここのところではないでしょうか。この場面では、カミにたいする慰霊の気持とホトケにたいする供養の気持が矛盾することなく両立しています。これが伝統的な日本人の、偽らざる心情だった。そのことにふと気づいて「うろたえた」と言ってはいますが、しかしその思わず出た振舞いは、母親として当時の日本人として、ごく自然にあらわれたものだったはずです。

英霊と遺骨をめぐる悲哀

明治以降の日本の近代仏教学は、ヨーロッパの合理的な仏教学の影響を受けて、霊魂の有無を語るのを避けてきました。それというのも、原始仏教では霊の存在については議論しないのが原則だったからです。それにもとづいて霊魂を説かないことをラジカルに主張してきました。しかし歴史的にたどってみると、インドで発生し、中国、朝鮮半島をへて日本に入ってきた仏教は、この日本列島においてすこしずつ変化していました。とりわけ日本人においては、外来の仏教は、土着の信仰である神道と接触し変容をとげていったからです。霊肉二元の神道的な信仰（たとえば死者の霊が山にのぼってカミになる！）と、仏教の身心一元の考え（からだとこころが一体になって悟る！）が、たがいに排除し合うことなく融合し、重層的な関係を結ぶようになりました。つまり霊魂の存在を認める仏教になったということです。そしてこのとき仏教は、はじめて日本人の心に響く仏教になったのです。たとえば最澄《さいちょう》は比叡山《ひえいざん》にのぼって天台宗《てんだい》の根本《こんぽん》道場を開くとき、山の上の神々にきちんと仁義を切って祠《ほこら》を建てています。また空海《くうかい》も高野山を開創したとき、やはり以前からそこに鎮座していた神々を手厚く祀っています。そのような神仏共存の路線をつくりあげていくなかで、この国における「山岳信仰」という思想的な枠組みがつくられたのでした。

こうしてこの第一の思想的な大枠のもとに日本人の仏教が大衆化していくわけですが、それとともに形成されたのがさきにものべたように第二の大枠である「浄土信仰」だったのです。浄土について深く思索したのはインドの仏教徒たちでしたが、それは西方十万億土のかなたにあると考えられていました。しかし、それがひとたび日本列島に伝えられると、姿形を変え、浄土は「山中」に存在するのだと読み換えられるようになった。「西方十万億土浄土観」に代わって「山中浄土観」が生みだされたのです。その山の仏教の浸透とともに重要な意味をもったのが山岳そのもの、森林そのもの、自然的景観そのものがもつ意味でした。森や山は、もはやたんなる森や山ではありません。人々はその山や森のなかに神の姿を感じ、仏の気配を感じ、さらにそれに重ねて先祖の姿と気配を同時に感じるようになった。そして、その先祖がこの世にのこした重要な形代《かたしろ》がすなわち死者の「骨」だったということになるわけです。死者ののこした骨灰を集め、整理し、永続的にこれを保存するために、さまざまな鎮魂の儀礼、供養するための法要がおこなわれるようになった。第三の思想的大枠として指摘してきた「遺骨信仰」がこうしてできあがりました。

このようにみてくるとき、さきにみた戦前の大衆歌謡「九段の母」と戦後の「東京だョおっ母さん」が、まさに右にみた日本人の伝統的な神仏信仰と遺骨信仰を胸の内に秘めて歌いつづけられてきたという歴史の背景がみえてくるはずです。ただ、この戦中から戦後にかけて歌われてきた二つの代表的な大衆歌謡では、戦死者の魂は九段の「靖国」に祀られていたにしても、その多くの戦病死者たちの「遺骨」はかならずしもそこに祭祀《さいし》されてはいなかったということに注目しないわけにはいきません。なぜなら戦病死者たちの「骨」はいまだに戦場にのこされたまま祖国に帰還することができないでいるからです。

戦争中は、戦死者たちの遺骨は白い布に包まれた木箱の中に収められ、「英霊」としてこの国にもどってきました。そしてその白い箱のなかには、死者の「骨」のかわりに、戦場のその場所にのこされていた小石が、いわば身代わりとして収められていたからです。東京の「靖国」での祭祀が終われば、そこに一時的に集結した「英霊」たちは、ふたたびそれぞれの故郷に送られ、その地の市町村で合同の慰霊祭に臨んだのでした。それが果てたあとは、こんどはそれぞれの菩提寺のお墓に埋葬され、「ご先祖さま」として祀られることになった。同時に、家々の仏壇にはご位牌の形で飾られ、供養されることになりました。

「九段の母」にも「東京だョおっ母さん」にも、この英霊への遺族たちの悲傷の思いが、遠くこだましていることに気がつきます。とりわけ「遺骨」をみることも手にすることもできなかったような場合、遺族たちのつらい思いがどれほどのものであったか。その行きどころのない深い喪失感はほとんどわれわれの想像をこえます。これまでも指摘してきましたが、この国が戦後において戦場に散った同胞たちの遺骨を収集する難事業を中断することなく継続的におこなってきたのも、ただただこの遺族たちの喪失感の快癒と回復のためだったのでした。

死者たちは帰るべきところに帰らなければ、浮かばれることはない。その帰るべきところがまさに、先祖たちが静かに眠るところ、すなわちふるさとの墳墓の地でした。そしてこの墳墓の地とは、国破れて山河在り、の故郷の山河そのものだったのです。

さきに島倉千代子さんが歌う「東京だョおっ母さん」はたんなる東京見物の歌ではない、戦いで息子を失なった田舎の母親が、娘の導きで歩く「東京巡礼歌」であるといいましたが、それは肉親を失なった者が西国の観音霊場や四国八十八ヶ所の札所を歩く、供養と鎮魂のための巡礼だったことを念頭においていたからでした。そしてこの巡礼の旅こそは、死んだ者たちを新たな先祖の仲間に入ってもらうための、供養と鎮魂の旅であったことがわかるのです。

ただ、遺族の気持になればそのふるさとの墳墓の地には、「英霊」だけではなく「遺骨」とともに死者を葬りたいと思いつづけていたのではないでしょうか。「英霊」の帰還だけではない、「遺骨」にももどってほしかったにちがいありません。それが昔は、高野山の高野聖たちが死者たちの遺族たちに説いた「納骨」のすすめだったことが思い浮かびます。日本の山岳霊場では無数の死者たちが「ホトケ」になっている。そこには同時に「仏舎利」も祀られている。そしてそこに、死者たちの遺骨をとどけて、その成仏を願う。この国の山岳信仰と浄土信仰を民衆的な広がりのなかで育んだ遺骨信仰が、まさにそれだったのです。死者は、その遺骨が回収され鎮魂の供養を受けなければ先祖になることはできない。餓鬼の運命、亡者の悲しみと苦しみに低迷しつづけなければならない。悲傷の歌をうたいつづけなければならないのでした。

長寿化と死の恐怖

われわれは一口に戦後七十年、といいますが、それはヒロシマ、ナガサキに原爆を投下されてから七十年、ということです。その間、山野に打ち棄《す》てられた無数の死者たち、戦場で理不尽な最期をとげた死者たちが風に吹かれ、雨に打たれたままでした。その七十年、でもありました。戦いの場でも日常の暮らしの場でも、餓鬼の姿のまま、遺棄された骨の姿のままで野ざらしにされていた。いくら遺骨収集の国家事業をつづけても、死者たちはかつて生存していたことの証《あか》し、すなわち骨の姿で自己を主張しつづけていました。故郷に帰還して「先祖」になることもなく、「死者」のままこの地上のいたるところに横たえられていたということです。

この戦後は同時に、異常な高齢化社会をこの国にもたらした七十年でもありました。長期にわたる老いと病いの季節をへて、これまで人類が経験しなかったような延命長寿化、あるいはときには植物状態になるプロセスにくみこまれていきました。その延命長寿のかたわらにリアルな死者の面影が立ち、その身動きもままならない植物状態の人間の背中に死者の気配が漂うようにもなった。医療や医術の勝利が、一面で人間治療の敗北を告げていたのです。ですからこの戦後七十年は、ヒトの長寿化とともに、ヒトの死体化のプロセスを慎重に演出する七十年だったといえないこともない。死は一面で病院という近代的な装置によって隠蔽されるとともに、他面でしだいに朽ちていく肉体を白日の下に可視化し、リアルにさらけだすことにつながったわけです。

もう一つ、この戦後七十年には油断のならない変化がありました。なぜならこの時期、日本列島にはカミ殺し、ホトケ殺しの変化が加速していったからです。神仏共存という無意識の国民的合意だったものがどんどん形骸化し、有名無実化していったということです。カミが無視され、ホトケが追放されていけば、先祖の居場所がなくなるのは自然のことでした。それが消滅の危機にさらされるようになって、カミ、ホトケ、先祖からなる三位一体の心の枠組みが音を立てて崩壊していった。柳田国男のいう『先祖の話』が物語の世界からも暮らしの場からも放逐されていった、その七十年にそれが重なっていたような気がします。

この、ただならぬ時代の動きのなかでひそかに立ち上ってきたのが「死者」たちのさまざまな面影であり、その口から発せられる生々しい叫び、怒りや悲しみの声だったのではないでしょうか。死者は物言わぬ存在だったのではない。無量の思いを全身にあらわにして語りつづけている。自己を主張しつづけていたのです。

これまで本書で展開してきた主題の文脈からすれば、柳田国男の『先祖の話』に代わって、折口信夫のいう『死者の書』が、死者たちの叫びを、そのはげしい肉声を今日のわれわれにとどけてくるようになったのではないでしょうか。戦後の歴史学や宗教学、あるいは民俗学や人類学がほとんど気づかなかった変化、気がついたとしてもあえて論じようとしなかった変化だったと思います。

そしてこのような時代の変化、変容のなかで、逆に大きく浮上してきたのが当然のことではありましたが「死」の問題でした。死とは何かという問いはもとより、自分のこととしてどのような死を迎えたらよいのかという問いが深刻な問題として社会の全体に浸透するようになっていたのです。それは、もちろんさきにふれた医学の進歩や長寿化の社会問題と関連していましたが、そのため逆に死の不安や恐怖をつよめる要因にもなっていく。生命のエネルギーをめぐる一種の逆流現象といっていいでしょう。生命の長寿化が反《かえ》って死の意識を刺激し、それがいわば第二の負の生命感覚として肥大化していく。

その逆説に満ちた生命の危機感覚を「死の思想」としてつきつめ、これを論理化したのが仏教の浄土教信仰であり、浄土往生の思想だったはずなのです。それは「人間いかに死ぬか」「人間はどのような形で死を迎えたらよいのか」というわれわれの理知的な問いでもあるわけですが、しかし、とどまることのない延命長寿化の流れのなかで、それがしだいにわれわれの心を苦しめるようにもなる。戦後七十年とは、そのような逆説的な逆流現象のなかで死＝往生の問題が日常の暮らしのなかで意識されるようになる七十年でもありました。

死者のリアルを直視せよ――源信『往生要集』

こうしてわれわれはふたたび、源信《げんしん》の登場を迎えることになります。十世紀に比叡山で

『往生要集』を書いた男です。藤原道長や紫式部の同時代者で、その二人に敬愛され、その二人に人生の指針を与えるほどの見識を示した僧侶でした。なぜならこの源信こそ、死の問題をつきつめ、死に行く者の看取《みと》りと死者の救済について具体的な提言をおこない、それを実践したキーマンだったからです。今日からおよそ千年以上も昔に、現代の流行語の「ホスピスケア」「ターミナルケア」、そして「終活」などといわれるような、死に行く者の介護と看取りに真剣に取りくんだ先駆的な人物でした。

ここで、思いおこしていただきたいことがあります。この源信からさかのぼって五百年ほど前に、聖徳太子が歴史にあらわれます。かれは大陸から伝えられたばかりの仏教の思想にもとづいて国づくりをはじめますが、やがて仏舎利（ブッダの遺骨）信仰と結びつけられ、独自の神話化と伝説化に彩られるようになる人物だったことは、さきにみた通りです。

この聖徳太子から源信の時代まで約五百年、そしてこの源信から現代までさらにおよそ千年と考えた場合、人間いかに生き、そして死んでいくのかという大命題をめぐって源信という人物がまさに要の地点に立っていたということがみえてくるはずです。

けれどもこの源信の人間的影像は、つぎの時代の法然《ほうねん》や親鸞《しんらん》の浄土思想の影に隠れ、軽くみられるようになっていきます。平安時代の王朝文化のなかで生きていた源信、それにたいして鎌倉時代の民衆文化のなかで活動した法然と親鸞という歴史の単純な見取図が、源信という人物のありのままの姿を直視するのを妨げたからです。時代区分という古びた尺度が、人間の実像を浮かびあがらせる眼を曇らしたのだといっていいでしょう。

法然や親鸞は、たしかに当時の浄土信仰に革新的な一石を投じました。なぜなら人間はすべて、念仏を唱えることで浄土に往生することができると説いたからです。難行苦行などの修行は一切必要がないと強調したのです。万人救済思想といってよく、これを説いて貧富や身分の差をこえて多くの人々に心の拠りどころを与えました。まさに、のちにいわれるようになる「宗教改革」運動の典型的な歴史のひとこまだったわけです。こうして今日の戦後七十年という枠組みのなかでも、このような「宗教改革史観」が時代の主潮とされるようになっていったのです。

しかし、現実はどうだったのか。このわれわれの戦後の七十年は、かれらのいう万人救済思想を真に正当化するに足る実績をのこしてきたでしょうか。事実はむしろそれに反するような変化をいたるところにみせつづける形で推移してきたように思われます。その一つが、世界でも珍らしい超高齢化社会がこの日本列島に出現しはじめているということに象徴的に示されている。今日、われわれの周囲に目立ちはじめている後期高齢者、末期高齢者、臨終期高齢者たちが、孤独なひとり暮らしを強いられていくなかで、どのようなことがおこっているのか——、伝統的な浄土思想の「万人救済思想」がその厳しい社会の現実を前に揺らぎはじめているからです。それら孤独な高齢者たちをどのように介護し看取ったらよいのか、社会的な救済の制度をどのようにととのえていったらよいのか、複雑な対応がわれわれに求められるようになったからです。

法然・親鸞の浄土思想から源信の実践的な行動へ、鎌倉浄土教から平安浄土教への視点の転換――その視点の変換を今日のわれわれの時代が要請しはじめているのではないか。「死にゆく者」の実相をたじろがずに直視せよ。「死者」のその後の運命を注視せよの呼び声が、重苦しい響きをともなって四方八方からわれわれの胸元にきこえてくる。「先祖」をめぐる民族的なロマンを語る前に、もういちど「死者」のリアルな現実について思索を重ねよ、との声がきこえてきます。

「死者」と「先祖」をめぐる大きな時代の転換点がようやくその荒々しい素肌をみせるようになったといっていいでしょう。その転換の断層のあとをあらわに示すことになるのが、あまたの「死者」たちの変態と百面相を表現する数々の「地獄図」や「六道絵」、そして「九相図《くそうず》」「病草紙《やまいのそうし》」などの仏教絵画群、つまり生と死をめぐる人間のマンダラ図でした。十世紀に登場する源信は、そのような時代の想像力を豊かに開花させる稀有《けう》な人間だったのであり、その思想的な原点となったのが『往生要集』という傑作だったということになるでしょう。

看取りと往生の実践——二十五三昧会

『往生要集』の第一の主題は「死を思え」ということでした。そのためにはまず、この世を地獄とみなして、それを厭《いと》い、そのあと浄土を仰ぎみて、その世界に生れ変わることを願う、というものでした。いわゆる「厭離《おんり》穢土《えど》、欣求《ごんぐ》浄土《じょうど》」です。穢土を否定し、浄土に再生したいということでした。

　死を思い、穢土を否定するためにどうしたらよいのか。具体的にいいますと、地獄の赤熱に燃え上がる死者の肉体を見ること、亡者たちの阿《あ》鼻叫喚《びきょうかん》の声を聞くこと、糞尿《ふんにょう》の溜め池を感ずること、涙の苦さと飢えを味わうこと、火や鞭《むち》による呵責《かしゃく》に触れることだ、という。つまり地獄の亡者たちと一体化し、地獄の各情景を思いおこし、仏典に描かれる地獄説話を生きることが要請されています。そこでは人間のあり方が屍《しかばね》の腐爛過程としてとらえられており、そのため念仏以外の言葉をいっさい放棄し、死＝往生への道筋を模索しなければならないわけです。

　それが源信のいう「厭離穢土」ですが、それでは「欣求浄土」の方はどうか。こんどは、阿弥陀如来の身体が、巨視、微視のフィルターを通して瞑想の対象になります。穢《けが》れた死の世界から浄《きよ》められた往生の世界への転換、穢れた六道輪廻《りんね》から光明に輝く極楽浄土へと、瞑想、観想の視点を移していく。精神集中による視覚の純化をめざす、といってもいいでしょう。そしてその転換は、現実にはおそらく、死者の死の場面を抜きにしては成り立たないわけで、そのために臨終時における看取る者と看取られる者の作法、すなわち死と看取りのための作法がどうしても必要になります。

『往生要集』の後半に、その核心ともいうべき「臨終の行儀」が配されているのは、まさにそのためだったのです。仲間の念仏行者が病気になり、余命いくばくもないことがわかった段階で、かれは「無常院」という部屋に移されます。すると念仏の同志たちが二人ずつの交替、それも二十四時間態勢で、介護と看取りにあたることになります。

この看取る同志のことを『往生要集』では「瞻病人《せんびょうにん》」といっていますが、かれは臨終にいたるまでの病者の意識が浄土往生にむかっているのか、それとも地獄の苦しみとたたかっているのかをたずね、たしかめ、その告白を慎重に記録にとることになっていました。その同志が死の意識である穢死に包まれたまま消滅しようとしているのか、それとも法悦の意識にみたされて舞台を退いていこうとしているのか、念仏を唱えながらじっとみつめていることになっていました。

このとき、はなはだ興味あることに、病者は自分のそばに安置されている阿弥陀如来の像と並んで横臥《おうが》させられ、その如来の指先から引かれた五綵《ごさい》の幡《はた》をわが手にして、その引導のもとに往生をイメージすることになっていました。源信のいう浄土往生が、まさにイメージ瞑想にもとづいているといわれるゆえんがここにあります。そしてその最終の場面で、阿弥陀如来のイメージがあらわれると源信はそれを「迎接《ごうしょう》の想」と呼び、それに反してもしも地獄の苦しみがあらわれるようなときにはそれを「罪相」と呼んでいる。いい換えれば、浄死のイメージに包まれた法悦の意識か、それとも穢死のイメージに覆われた死そのものの意識か、というのであります。

源信の『往生要集』は、ここで終わります。その思考はまことに緻密で、浄土観想の論理的な限界点をみきわめたようなところがあるのですが、しかし念仏者の最期がはたして「迎接の想」にいたるのか、それとも「罪相」のままで終わってしまうのか、というぎりぎりの問題についてはは沈黙を守るほかはありませんでした。それでは念仏者の浄土往生は、どのような形で確証されるのか。「迎接の想」か「罪相」かという不可知の難所をのりこえて、どのような形でそれが実現されるのでしょうか、それが源信とその一門たちにのこされた重大な問題でした。

源信の挑戦がはじまります。実践的な活動というか、思い切った問題提起が展開されることになりました。それが「二十五三昧会《ざんまいえ》」という念仏結社の立ち上げとなった。あえていえば、「死（＝往生）のための団体形成」です。

『往生要集』は永観二年（九八四）から翌年にかけて書かれましたが、その翌寛和《かんな》二年（九八六）になって、この団体が発足します。弟子の一人、慶滋保胤《よししげやすたね》の協力の下につくったのですが、この念仏運動を推進していくために、かれらは規約にあたるもの、運動方針を示す綱領をつくりました。それが「二十五三昧起請《きしょう》」というものです。ちなみに、「二十五」というのはメンバーの数を二十五人にかぎる、ということであり、「起請」がその綱領ということになります。

「起請」には、源信がつくった「十二箇条」と保胤が書いた「八箇条」の二種がありますが、そこにはいずれも病者にたいする優しさといたわりの気持があふれ、死に行く同志にたいする敬虔《けいけん》な祈りがこめられている。うねるような無常感が表白《ひょうびゃく》されてもいます。おそらくここでは、病者の終末と死者の送葬という仕事が第一の課題になっているからでしょう。

この二種の「起請」に規定されている共通点をまとめると、次のようになります。

一、毎月十五日にメンバーが集まって、夜を徹して不断念仏をおこなう。途絶えることのない念仏、ということです。
一、メンバーに病人が出れば、無常院に移して、当番制で見舞い、看護する。
一、病者が死去したときは、墓所の安養廟《あんようびょう》に埋葬する。
一、埋葬のときは、光明真言（密教の呪文）で加持をした土砂を死者の遺骸にふりかけて埋め、念仏を唱える。

一、メンバーはつねに修行をつんで浄土を念じなければならないが、もしもその義務を怠ることがあれば追放に処せられる。

ここで重要なのは、死者を埋めるとき光明真言を唱え、土砂をその遺骸の上にふりかける、という行為です。それは密教儀礼に固有の遺体処理の方法であって、浄土教で説かれたものではありませんでした。

なぜそんな儀礼をもちこんだのかというと、そのことで死者の霊魂が遺骸から離脱して浄土におもむくと信じられていたからです。そのため源信も「起請」のなかで、死者の「尊霊《そんりよう》」は、この光明真言による土砂加持ではじめて浄土に往生できるのだ、といっています。保胤の「八条起請」では、亡者は「土砂加持」の効験によって「光明身」を得、浄土の蓮華《れんげ》上に「化生《けしよう》」するという真言経典の一文が引用されていますが、「十二条起請」の源信は、極楽の蓮華上に「化生」するものは「尊霊」である、とはっきりいっているのです。

人の死後、肉体と霊魂は分離し、魂がカミになったりホトケになったりするという、あの霊肉二元論がここに復活していることに注目して下さい。それは『万葉集』以来の日本列島人の深層における人間観であり、その死生観の根本でした。それが仏教の伝流とともに独自の山岳信仰と結びつき、日本型の浄土往生の考え方を生みだしたことは、何度も指摘してきたことでした。カミ、ホトケ、ヒト（先祖）という三位一体の信仰を生みだしたのです。当時、比叡山や高野山で説かれていたインド伝来の密教は、いち早くこのような霊肉二元の霊魂観をとり入れ、とりわけその死体処理や死者儀礼の場面で活用するようになっていました。光明真言土砂加持によって遺骸を葬るという方式も、そのような流れにのっておこなわれるようになっていたと考えられます。

しかし源信はそのことを、浄土教の救済を論理的に書く『往生要集』のなかでは論じてはいません。いや、おそらく論ずることができなかったのです。なぜなら、これもしばしばふれてきましたが、そのようなことはインド浄土教の正統的な経典では説かれることがなかったからです。しかしながら、かれがやろうとしていた「二十五三昧会」のような運動においては、浄土往生を確証するための儀礼として、光明真言の導入を考えざるをえなかったわけです。たとえ遺体は朽ち果てる屍となっても、そこから離脱する魂（霊魂）はかならず往生することができるのだ、とされたからです。つまり、人の死後、遺体の処理→光明真言→霊肉の分離→霊の再生往生、という図式がつくられるようになったということでしょう。

死者から先祖へ――過去帳

源信はこうして『往生要集』をテキストとして「二十五三昧会」すなわち死のための団体形成という仕事をはじめました。死に行く者たちのため介護と看取り、そのあとの送葬という一連の行為に筋道をつけたわけですが、しかしかれと一門のなすべきことは、もう一つのこされていました。それが死者たちの名を書きとめ、臨終の様子を記録し、その記念すべきライフヒストリーを後世にのこすことでした。それが「二十五三昧会過去帳」という記録でした。「過去帳」とはその名の通り、死んだ同志たちの過去の事蹟《じせき》を書きとめるための備忘録だったわけです。

それはかつての同志たちを日常的に思いおこし、かれらとの連帯の気持を維持し、そして自分が命終を迎えるときは、かれらの聖霊の導きによって浄土への再生を願うためのものでした。そういう点ではこの「過去帳」は聖なる霊となった死者たちの列伝の形をなし、念仏結社を統合するシンボルともなっていたのです。江戸時代に入って寺檀制度が確立していったとき、寺院にはこの過去帳がそなえられるようになり、檀家の代々のメンバーの名が系統的に書き記されるようになりましたが、それが源信集団の結衆のためにも活用されていたということです。

じつは源信集団の場合、この過去帳が正式には「首楞厳院二十五三昧結縁過去帳」として書きはじめられたのは長和二年（一〇一三）でした。さきの「起請」が書かれたときから約四半世紀が経っておりました。そしてこの長和二年という日付は、源信入滅の四年前だったのです。かれはすでに七十歳をこえ、病床に臥《ふ》していて、起居もままならない状態でした。

「過去帳」はいくつかのものが今日にのこされています。死者の事蹟や往生時の模様などについても、記されていないものやくわしく書かれているものなど、また社会的な身分などもさまざまです。僧侶身分が多いのは当然ですが、天皇や貴族の出身者もいれば身分の低いものもいる。「迎接の想」か「罪相」があらわれるか、その奇蹟《きせき》出現のありさまもさまざまです。

ここでは結社の創唱者であった源信の場合を略記してみましょう。

源信は生前からその誠実な人となりが尊敬されており、人間的特色が随所で語られています。病臥《びょうが》後の死の準備でも克己と節制を示したことが淡々とのべられている。入滅当日の朝は、平常のごとく飲食し、鼻毛を抜き、口をすすぎ、仏像の手から引いた糸をもって念仏し、眠るがごとく往生した、とあります。その姿勢は型通り頭北、面西、右脇でした。枕を北に、顔を西方にむけ、右脇を下に横たえる。死者を西方浄土に送る、という生き残った者たちの思いがそこにこめられているわけです。このあと源信は弟子たちを前にして、自分は往生するであろうが、その場所は極楽のうちでも下品《げぼん》の蓮台であろうといっている。浄土は浄土でも三等クラスの水準だ、といっている。

また、花山《かざん》法皇もこの組織に入っていました。法皇は都で遷化《せんげ》しましたので、その「聖霊」の行方は記されていませんが、貞久大徳（道心堅固の青年修行僧）の場合は、地獄の猛火にとり巻かれる悲惨なイメージのなかで悶絶《もんぜつ》しております。相馬大徳（佯狂《ようきょう》の遁世《とんせい》聖で増賢の弟子）の場合は、その末期の日は「罪相」が迫ったか「迎接の想」があらわれたか明記されてはいません。また二十歳で死んだ良範の場合は、念仏三昧の生活を送った人ですが、いざ最期に臨むや、随侍し看護するものにたいして念仏の唱和をさしとめ、無言のうちに合掌し、仏像を仰いで静かに死んでいった、と記されています。

この良範が入滅したとき、源信はまだ存命中でした。かれは良範の死にあたり、願文をつくって読みあげています。「汝《なんじ》の〈尊霊〉が無事浄土にたどりつくことができるよう、また冥界を導く先達に出会うことができるように」と。

以上のように「過去帳」とはいっても、そのなかにあらわれた往生者たちの臨終のパターンがさまざまであったことがわかります。とりわけ『往生要集』の「臨終の行儀」にあるような「迎接の想」と「罪相」の問題についていうと、その幻覚・幻聴の出現のあり方が不確定であったことがわかります。

しかし、まず源信の『往生要集』が書かれ、ついで「二十五三昧会」が結成されたあと、この「過去帳」が制作されるようになったことには重大な意味が隠されていたのだろうと考えられます。なぜならこのとき、この「死（＝往生）のための団体」に属していた「死者」たちははじめて「先祖」の地位をえることができたからです。死んだ同志たちは、送葬の儀をへて「聖霊」や「尊霊」として浄土に送られ、あらためて「先祖」の居場所に祀られるようになったからです。「過去帳」はそのことをこの地上において明示する記念帳でもあったわけです。

この国にはさきにもいったように、はるか大昔から死んだ人の魂は山や森にのぼってカミやホトケになるという信仰が根づいていました。それが時をへて氏神や先祖としても祀られるようになり、カミ、ホトケ、先祖の三位一体のシステムができあがっていきました。日本独自の多神教体制といっていいでしょう。そこに、山岳信仰と浄土信仰と遺骨信仰という民俗信仰の風が吹いていたことは前述の通りです。

日本列島における先祖の観念は、そのような風圧を背景にしだいに形成されたといっていいかもしれません。そのような変容、統合のプロセスをまさに絵に描いたように映し出しているのが、これまでにみてきた源信とその一門によってなされた仕事だったのです。「二十五三昧会」の活動のなかから生みだされた「二十五三昧結縁過去帳」の存在は、このような観点からみるとき、「先祖」理念の形成にとってきわめて貴重な、そして示唆的な記録だったことがわかるはずです。

「死者」から「先祖」へ、その道筋をつけた点で、源信とその一門はまことにかけがえのない仕事をやってのけたということができるでしょう。ところが不思議なことに、そのような歴史上の重要な転換点というか、結節点の意味について、柳田国男も折口信夫も関心らしい関心をあまり示すことがありませんでした。まったく気がつかなかったのか、それとも気がついてはいてもあえてとりあげることをしなかったのか、その点はよくわからないのですが、学問上の観点からとりあげるに価しないと考えたのかもしれません。この問題は別途に考えるべき重要なテーマでありますが、ここではこれ以上ふれないことにします。「死者」と「先祖」を中心軸に本書を書き継いできた著者としては、後ろ髪を引かれるような思いが残るのですが、しかしこのようなことは、新たな問題設定のもと論ずべき事柄になるのでしょう。

ただ、それはそれとして源信という人物が、日本人における「先祖」観を考える上できわめて重要なキーパーソンだったということだけは強調しておきたいのであります（源信とその一門についてのこれまでの記述は、拙論「死のための団体形成」、『日本宗教文化の構造と祖型』、東京大学出版会、一九八〇年、にくわしく論じていますので参照していただければ幸いです）。

第六章　死と生

河鍋暁斎の衝撃

ことし（二〇一七）の七月、日本列島の猛暑は度を超えていました。北海道の帯広で三十七・一度。夏の暑さでは人後に落ちない京都も、それには敗《ま》けました。列島の各地には、その前後に、はげしい風水害が襲ってきた。思いもかけない嵐のような大雨が降ったからです。渦巻く濁流が発生し、多くの人家を押し流しました。地獄の釜の蓋が開き、死者の気配が大地に満ちた、そんな季節の到来でした。

折しも京都では、珍らしい展覧会がおこなわれていました。題して「これぞ暁斎！　世界が認めたその画力」、英語で This is Kyōsai！ と銘打ち、イギリス在住のイスラエル・ゴールドマン氏の所蔵品だという。ＪＲ京都駅のジェイアール京都伊勢丹七階に隣接して「美術館『えき』ＫＹＯＴＯ」がありますが、そのフロアーを借りて、「きょうさい！」の全貌を探る、という企画でした。主催はこの「えき」美術館とともに地元の関西テレビと京都新聞、後援がブリテッシュ・カウンシル、協力が日本航空、という陣立てでした。展覧期間は六月十日から七月二十三日まで、まさに祇園祭《ぎおんまつり》をはさむ熱夏の真っ盛り、けれども私がかけつけた六月下旬は、人気がまばらでした。洛中《らくちゅう》のどまんなかに建てられている「京都国際マンガミュージアム」には子どもたちや若者たちがわんさと押しかけているというのに……。

行ってみて、驚きました。これまで名前だけは知っていても、その生々しい現場を見たことのない私のような者には、まるで目つぶしを食らうような衝撃でした。有無をいわせぬ迫力と力業に惹《ひ》きつけられたからです。

河鍋暁斎《かわなべきょうさい》とは、いったい何者！

幕末から明治を生きたから、一身にして二世を生きた転換期の絵師である。天保《てんぽう》二年（一八三一）から明治二十二年（一八八九）まで。死んだときが五十八歳、「維新」と文明開化の何たるかを、からだで知っている世代の一人でした。

下総《しもうさ》国古河《こが》（現・茨城県）の生まれ。別の号に狂斎、得度してのちは入道、如空などがあります。江戸に出て、お茶水《ちゃのみず》、下谷根岸などに住む。絵は歌川国芳《うたがわくによし》に浮世絵を学び、狩野《かのう》派のなかで修業。不遇時代は蒔絵《まきえ》の下絵書きや錦絵で苦労し、寺社の絵馬なども手がける。明治に入るころから頭角をあらわし、暁斎と改号してのち肉筆画中心に転ずる。卑俗な画風を通して一世を風靡《ふうび》。むろん卑俗とは、俗に交わり俗に溺れることではない。俗に入って、人間の肺腑《はいふ》を衝《つ》くという意味です。「狂」から「暁」に変身するには、よほどの覚悟を要したのでしょう。

絵師遍歴の変貌ぶりが、まことに目まぐるしい、その一端をのぞいてみましょう。画題は、目につくあらゆるジャンルに及んでいるから驚きます。タコ、カエル、エビなどの魚類、サル、イノシシ、クマ、タツなどの動物、鬼や異形の変化、妖怪や幽霊、骸骨まで、僧侶をはじめ、士、農、工、商と老若男女を問わない。テーマも美人画、山水画をいとわず、さらに特筆すべきは春画の領分にも名人芸の技をふるう。ウィット、ユーモア、皮肉の味つけにおいても群を抜く。専門べったり、タコツボ趣味などとはまるで縁がない、その対極に立つ絵描きでした。

エピソードがあります。

慶応三年（一八六七）、パリで万国博覧会がおこなわれました。「日本」はすでにフランス人にとってあこがれの国になっていた。ジャポニスムの勃興でした。その代表が「葛飾《かつしか》北斎《ほくさい》」で、「暁斎」に半世紀ほど先立つ先輩絵描きでした。

そのジャポニスム熱に浮かされて来日したのが、フランス人のエミール・ギメとフェリックス・レガメーだった。前者は実業家、後者はジャーナリスト。二人は明治九年（一八七六）に手をたずさえて来日、横浜に上陸してすぐ土地の人に「北斎はいずこ」ときいている。ところが「すでに死んでいる」と知らされると、今、日本でもっとも才能ある絵師はときき、それは「暁斎」といわれます。

やがて二人は時をおかず暁斎を訪ね、意気投合したあげく暁斎がレガメーの肖像を画《えが》き、レガメーが暁斎の肖像を描いてくらべたのだという。その二枚が今日奇《く》しくものこされているのですが、一目瞭然、暁斎の描いたものが数段まさっています。暁斎の画にはおのずから時代の雰囲気がにじみでているのにたいし、レガメーの作品は当然のことながら平凡なものです。とても暁斎の表情を写しているとは思えない、目くじらを立てるほどのことでもないのですが……。

暁斎の絵にもっと近づいてみることにしましょう。とりわけ、かれの描く「死者」に密着して観察すると、いったい何がみえてくるでしょうか。まず、かれの描くカエルとかサルたちの振舞いをみていると、すぐさまあの鳥羽僧正《とばそうじょう》の「鳥獣戯画」を思い出します。ウサギやサルが自在に動きまわる、この国のマンガ絵巻伝統の面白さです。もしかすると、今日のわが国における霊長類研究の豊かな遺産は、そこに由来するのかとさえ空想を誘《いざな》います。それが一つ。

つぎに目を奪われるのが、骸骨人間の登場ではないでしょうか。バラバラ状の骨の破片が、整然たる骨の連鎖へと組み立てられていくさまがどこか機械工作の手つき、指づかいに似ていて、何とも絶妙な動きをかもしだしている。操り人形の水準をはるかにこえて、しなやかな人造人間が顔を出している。この国では江戸時代に「人形からくり」の技術が歌舞伎の「早替り」などとともにかなりの水準に達していました。それが舞台に死霊や怨霊を肉体化する演出を生みだしていく。暁斎は北斎とともにその天才的な先触れでもあったわけです。いってみれば今日いうところのロボット・アンドロイド工学のさきがけ……。それが二つ目です。

　つぎに度肝を抜かれるのが春画です。これもこのときにはじまったわけではありませんが、その奔放自在な筆法は、同じ技をくり出す先人たちをはるかにしのいでいる、と私の目には映りました。あたかも群舞するかのような「男女交合図」のつみ重なりは、そこにまぎれこむ獣姦図などとともに、どこかあの「九相図《くそうず》」の変態を匂わせて、世界に冠たる「性草紙」ではないか、といってもいい。それは今日、隘路《あいろ》に迷いこんだような遺伝子、生命科学の枠組みをつき破る発想に立ち、エネルギーに満ちています。

　半ば冗談まじりにいえば、霊長類（サル）研究、ロボット工学、そして生命科学が出揃って、世間の人気をかき立てているとすれば、その「近代」の胎動はすでに暁斎の画業の発想とその技のなかで発酵していたのかもしれません。

　もう一つ、「近代」の胎動、爛熟《らんじゆく》ということでいえば、暁斎の生きた時代というかその目の先に、歌舞伎の鶴屋南北《つるやなんぼく》（一七五五〜一八二九）と、河竹黙阿弥《かわたけもくあみ》（一八一六〜一八九三）がいました。歌舞伎は、近松門左衛門《ちかまつもんざえもん》（一六五三〜一七二四）の全盛期から文化・文政期にいたり、それこそ爛熟と退廃の全盛期の度を加えていきました。かれらの芝居を彩る残虐、血なまぐさい殺し、そして復讐《ふくしゆう》と悪の華に、江戸の庶民が拍手喝采を送るようになっていた。

能の舞台に漂っていた禁欲の物語が、いつのまにか欲望全開の逆風にさらされるようになっていたのです。目によくは見えないところで、時代の急激な流れが不気味な舵《かじ》を切っていたということでしょう。どこで、誰がその舵を切っていたのか、南北も黙阿弥も、そして暁斎もおそらくいいあてることはできなかった。なにしろ、かれら自身がその渦中にあって、無我夢中で泳ぎ回っていたからにちがいありません。少々極端なことをいえば、南北の舞台に、暁斎の春画に、骸骨図そのものを掲げておいてもおかしくはない。黙阿弥の舞台の花道に、暁斎の妖怪図や幽霊図をもちだしても違和感はない。その濃密な空間のなかに血の匂いが立ち、悪の華が咲く、時代のぞくぞくするような危機の感覚が脈打っていたといっていいでしょう。

けれどもそこで、少々立ちどまらなければならない。ふと、考えこんでしまうことがないではない。そんな狂気じみた猥雑《わいざつ》な光景のなかに、はたして「死者」たちはいるのか、「死者」たちが生息する余地はあったのか、と。さらにいえば、はたして「先祖」たちが姿をあらわすときがのこされていたのだろうか、ということです。たとえば暁斎その人の仕事のなかから、死者や先祖の痕跡を探りだすことができるのだろうかということです。暁斎の諧謔《かいぎゃく》や反骨ではない。ウィットやユーモアや哄笑《こうしょう》ばかりではない。「死者」そのものの嘆きや悲しみ、そして苦しみを抽出することができるのか。かつて万葉の時代に山岳や森の奥にじっとひそんでいたような死者たち、中世の時代、地獄のなかに堕《お》ちてやせ衰えた餓鬼のような死者たちのことです。もっといえば能舞台のかなたに消える亡霊たちの姿、といってもいい。すでに『往生要集』で説かれていた死者たちやその「尊霊《そんりよう》」たちの身じろぎを見出《みいだ》すことができるだろうか。最後は「白骨」にいたる死者たちの腐乱・解体の変容のプロセスを示す「九相図」までが浮かびあがってくるのだろうか。

もうすこし暁斎の絵を通して、そのあたりのことを探ってみる必要がありそうです。

暁斎がみた「死者」たち

まず、指を屈しなければならないのが「地獄太夫《じごくたゆう》」と「骸骨」をあしらった絵でしょう。ここでは、その二枚を紹介します。いずれも明治に入ってからの作品です。一枚目は「地獄太夫と一休」(展覧会用の「図版」一二九)と題している。絹本金泥の、色彩豊かで、重量感のある作品。

タテ長の画面いっぱいに、美しい豪華な着物をきる地獄太夫が立っている。かたわらに両眼を黒くくり抜いた骸骨が座り、三味線を手にして演奏している。それをとり巻くように小粒の骸骨たちが踊ったり跳んだりして群れ、はやし立てている。

もう一つ、その三味線演奏の主役骸骨の頭頂に、黒衣の一休和尚が曲芸よろしく片脚をのせて立ち上がり、両腕を宙に突き立てて踊り狂っている。廓《くるわ》の美女と髭《ひげ》面の坊主が、けばけばしい赤や黄の色彩の海でもつれ合うような姿で、面白おかしく描かれています。

この画材は、室町期の臨済僧、一休《いっきゅう》宗純《そうじゅん》と地獄太夫の伝説にもとづくもの。地獄太夫とは、当時堺《さかい》（現・大阪府）にいた遊女。その地を訪れた一休と連歌問答を交わすうちになじみ、それが縁で悟りを開いた。女はもともと身分の高い出自、前世に犯した悪行を懺《さん》悔《げ》し、自分から「地獄太夫」を名乗ったといいます。

一休はもちろん実在の禅僧ですが、奇行と狂態で知られ、頓智《とんち》ばなしなどの伝説に登場します。いずれも詩集の『狂雲集』にもとづくものですが、一方で法語の『骸骨』の著述によって世に知られました。「骨」の美学と無常迅速の哲理を絵にして、「白骨観」や「九相観」などの「骨」の形而上学《けいじじょうがく》ともいうべき考えを説いて人気者となっていたのです。暁斎の絵は、その歴史の幾転変を凝縮し、一幅の画面に再現しているといっていいでしょう。

とはいっても、この絵の「地獄太夫」の着る打掛けには七福神、珊瑚《さんご》、寿の文字があしらわれ、それに地獄の業火や賽《さい》の河原なども描きこまれている。地獄と極楽はまさに紙一重というわけで、これも一休ゆずりの楽天的な死生観をあらわしている。そこには暁斎自身のデザイナー感覚が湧きでていて、これもまた爛熟期がひそかに演出していた風味だったのかもしれません。

もう一枚が、「地獄太夫がいこつの遊戯《たわむれ》ヲゆめに見る図」（図版一四四）です。これは

「大判錦絵」とのことで、同じタテ長の画面の右側にけばけばしい赤い衣裳《いしょう》にくるまった美女・地獄太夫が、右手をあごにあて、目をつむって夢をみています。それを囲む画面全体に、じつにさまざまな形をした小型の骸骨群がまるで闇夜を埋めつくすかのようにびっしり描きこまれています。なかに碁を打っている奴がいる。喧嘩《けんか》をしているのもいる。そして、ここでも三味線や琴の演奏に余念のない骸骨も出てくる。隙間という隙間を埋める骨の断片や破片が骨のゴミ箱を引っくり返したような按配《あんばい》で描かれています。骨への偏愛、過激な骸骨趣味というほかはありません。

さて、この骸骨群像、骸骨乱舞は、暁斎にとって何を意味していたのでしょうか。さきの一休和尚はそのことを法語のなかで説いていました。そして暁斎は、そのことを絵のなかで表現しようとしていた。一方は室町、他方は江戸、という時代の違いはあるものの、二人はいったい同じことをいっているのか、それとも異なった世界を見て、そういっているのか。

それがわかったようで、わからない。そのわからなさの根元に、死者にたいする思いのようなものにどうも違いがにじみでている。人間の死にたいする観念が、二人のあいだで時代の照り返しを受けた「ゆらぎ」がみえるようです。濃淡の違い、受けとり方の落差が生じている。

こうもいえるかもしれません。一休の骸骨は、まだしも餓鬼の親類だった。餓鬼とは、そのまま鬼の境涯に沈んでしまうか、それともそこから人間の姿に這《は》いあがってくるか、それが未決定なままの半人間のことでした。あとからの処理のいかんによっては、そのまま死者の仲間へと送りこまれていく。けれどもあと処置が順調にいけば、穏やかな「死者」の地位をえて、やがて「先祖」への道も確保できる、そういう運命の下におかれている半人間だったのではないでしょうか。餓鬼は、人間と死者のあいだの、いってみれば中間点に立つ存在でした。

　けれども暁斎の絵に出てくる骸骨には、どうもそんな気配はみられない。半人間といったような中途半端な観念のかけらも感じられない。かれの描く骸骨は、むしろからくり人形の群れからぬっと首を出す人造人間、コピー人間の趣きがあります。死の陰惨などはもちろん死者の暗さ、嘆きなども一陣の風で吹き払われてしまっているようです。

　骸骨はそのまま生きつづけて、踊り騒ぐ人間の振舞いに近いからです。半人間どころの騒ぎではない。暁斎の絵に登場する骸骨たちは、もしもそこに肉や皮の断片をもってきて骨と骨のあいだにはめこみ、ベタベタと接着していくと、にわかにヒトへと生まれ変わってしまう、はめこんでくれ、接着してくれと叫んでいるようにさえみえるのです。

　骨がほとんど肉や皮の代替品になり変わっている。あるいはいつでも骨は肉や皮を身にまとうことができるように組み立てられる。暁斎の絵が、とかく現代風とか現代の危機をあらわしているとかの評を受けがちなのは、もしかするとそのためかもしれません。燕尾《えんび》服《ふく》に山高帽をかぶった西欧風の骸骨紳士が登場してくるのも、その扮装《ふんそう》の背景がどのようなものであったのか、一目瞭然というものでしょう。

暁斎の眼前には、伝統的に描きつづけられてきたこの国の死者たちは、もはや存在していなかったのかもしれません。骨や骸骨の運命は、時を経て人のゴミになる、という観念が芽生えはじめているのではないか。そのヒトのゴミが、やがて自然のゴミと一体化して最後は土に還《かえ》る、そんな乾いた思想というか認識が、暁斎の絵の世界にはすでに顔をのぞかせているのではないでしょうか。われわれの「近代」が暁斎とともに一歩一歩、近づいてきていたのです。

骸骨が意味するもの

あらためて問うてみたいのですが、それでは暁斎にとって骸骨とはいったい何だったのでしょうか。暁斎絵画をにぎやかに彩る骸骨群舞のマンダラ図は、そもそも何だったのか。その暁斎の心理のうちに分け入れば、さしずめ二つの物語が浮かんできます。

一つは、死にきれない骨たちの物語です。いっそ運命といってもいいかもしれない。死んでも死にきれない、無念の眼差《まなざ》しを剝《む》き出しにしている死者の物語です。顔面にうがたれている暗い二つの眼の穴が、その微妙な表情をあらわしている。

二つ目は、死にきれない骨たちは、その無念の眼差しのかなたにこの世に生き返ろうとする欲望から自由になれないでいる。つまり生への復活願望の物語です。

暁斎の骸骨は、死にきれない状態のなかで、なお涅槃《ねはん》、復活の夢から醒《さ》めることができない。その中途半端なドラマのなかで、一休も地獄太夫も何らなすところを知らない。暁斎絵からもしも滑稽の風味、諧謔の毒がこぼれ落ちるとすれば、その原因はこのへんにあるかもしれない。

さきにふれた鶴屋南北や河竹黙阿弥が書いた歌舞伎の舞台に、「骨寄せ」というケレンの見せ場があったことを思いだします。よく知られた演目に、『加賀見山再岩藤《かがみやまごにちのいわふじ》』というのがあります。はじめ南北が脚本を書き、のち黙阿弥が書きあらためている。五幕九場からなるのですが、二幕目第二場に「骨寄怪の場」が出てきます。――仕える旦那が悪人岩藤の手にかかって非業の死をとげた。その仇《あだ》を討つ忠義の尾上《おのえ》が、主《あるじ》の一周忌に墓参り。その帰り道に荒れ野を通ると、舞台のくさむらから隠火が立ち、散乱する白骨があらわれる。それが消えると、こんどは殺した岩藤の亡霊が「肉脱したる拵《こしら》え」で登場する。「肉脱したる」とはもちろん幽霊の姿で、ということだ。面白いのはここで、「あしたの白骨、夕《ゆうべ》の紅顔」と相の手を入れていることです。

中世以来、よく知られた「白骨の文」というのはこれとは逆で、「あしたには紅顔ありて、夕には白骨となれる身なり」でした。この文脈を逆転させ、夜になってからその「白骨」が幽霊や妖怪の「紅顔」で出てきた、と洒落《しやれ》のめしたわけです。

こうして、さらに「骨寄せ」の見せ場がつづいていく。暗転した舞台に、突然、骨片がバラバラになって降ってくる。それがあっというまに一ヶ所に吸い寄せられ骸骨姿になって立ち上がる。かと思うと、またバラバラの骨片にもどる。テグスで結び合わされるあやつり人形のからくりです。死にきれないでいる骸骨たちに明日の紅顔を期待することができないのは、このような舞台を演出する側にも、これを鑑賞する側にもはじめからわかっていることでした。


暁斎の骸骨は、骨寄せの技法によって一時的に人間の形にふみとどまっているだけなのだろうか。それはかつての餓鬼たちのように、すきあらばカミやホトケの力を借りて五体満足のからだに立ちもどろうとたくらんでいるのだろうか。とにかく暁斎の骸骨には、この期におよんでもなお、白骨になることを拒んでいるようなところがみえるのです。白骨の歌をうたうことを拒絶している。白骨をへて白骨の破片へ、骨の破片から骨の粉末(灰)への変身を受け入れようとはしない、そのようにみえるからです。しかし、その変身への願望をみたすのに、カミやホトケの力を借りようとの気配がまるでない。軽妙なほどに現代風の身振りが、自然にこちらに伝わってくるのです。

ヒトは息が絶え、からだが腐敗、発酵のプロセスをへて白骨化する、というあの「九相図」の世界をどのように考えていたのか。暁斎の骸骨をその「九相図」の枠組みのなかでとらえると、どういうことになるでしょうか。暁斎はそのことに抗《あら》がっているのだろうか、それともこれまでの伝統的な「九相図」のなかに新たな「骸骨相」の一ページをつけ加えよ、と主張しようとしているのだろうか。詩歌の伝統のなかで開発された「骨」の美学、仏教思想の風圧のなかで育まれた「骨」の形而上学をもういちど復興させようとしているのでしょうか。むずかしいところです。

　じつは近年、この暁斎の絵を通して新傾向の文明開化やその虚《むな》しさへの批判精神を指摘したのが美術史家の山本聡美《やまもとさとみ》氏でした。不浄と無常をめぐる日本絵画の傑作「九相図」について、まことにユニークな議論を世に問うた人です。朽ちゆく死体を凝視め、日本人の死生観を柔軟に読み解く手法も鮮やかでした（『九相図をよむ』角川選書、二〇一五年）。その著書の口絵に、暁斎の『九相図』に出てくる生々しい部分図が載せられています。醜く腐乱し膨張する死体を立体的に描き、その細かな陰影まで表現している作品でした。

　暁斎はすでにそのころ、川原で拾った生首の写生に興じていたという逸話を、氏は紹介しています。その絵にたいする貪欲な偏執についていえば、かれの描く「九相図」の立体表現は西洋医学や解剖学の知識にもとづくもので、伝統的な日本絵画の平面性をつき抜けたものだろうといっています。

暁斎の、時代に先んずる現代性といっていいでしょう。だからかれの念頭には、伝統的な不浄観や無常観を拒否する近代的な観念が宿っていたとしても、すこしもおかしくはないわけです。そのかれが同時に骸骨を描きつつ、その白骨化を拒絶し、スタンダードな九相図的常識をくつがえそうとしていたのもけっして不思議ではなかった。日本人の死生観の根幹に「近代」の刻印を打ちこんでいるといってもいいのかもしれません。そしてその根幹とは、すなわち、死者になるための六道のコースであり、それがそのまま死んで迷い歩きながら先祖になるためにたどる道でした。

やがて、地獄の釜の蓋が開くときがくる。西欧の人にならい、さしずめパンドラの箱が開く、とでもつぶやくのではないでしょうか。人間の亡者がそれこそ千差万別の仮面をかぶってこの世に這い出てくる、明治の文明開化がまさにそのような時代のはじまりだった。その点では「維新」以後百五十年といっても「戦後七十年」といっても大差はない。

そして面白いことにちょうどそのころから、日本工芸や美術品を中心に、西洋社会で日本人気が高まっていく。絵画の世界ではさきにもふれましたが北斎や暁斎を仲立ちにジャポニスムがあっというまに勃興しました。この二人はそのジャポニスムを世界に伝える代表選手になっていく。要するに、日本の伝統芸術の巧みな手法が、「近代」を触媒に西欧社会に飛び火していったといえそうです。北斎や暁斎はそのような新傾向を生みだした双璧だったわけで、その点、視覚芸術が、活字文化をはるかに引き離す優位性を発揮したのだといっていいでしょう。とりわけヒトの死や死体の変移といったことを表現する場合、絵画のみせる衝撃の力は予想をこえるものだったにちがいありません。暁斎の骸骨人間が画面で大活躍を演じている情景は、日本人はおろか青い目の西欧人にとってもまことに珍らしい近代のパフォーマンスだったわけです。

現代「九相図」からの異議申し立て

あらためて、柳田国男《やなぎたくにお》や折口信夫《おりくちしのぶ》が悩み苦しんだ時代の背景がみえてくるような気がします。かれらがこの時代の底に沈んでいく人の死と死者たちの運命をめぐって、その救済と行き先を模索しはじめる動機までが伝わってきます。死とは人のたんなる消滅ではない。死者とは、たんに白骨になるだけの朽ちはてる存在ではない。むろん肉身をはぎとられた骸骨などであるはずがない、そう思っていたにちがいありません。そして、もう一つこんな考えが、ときによぎっていたのではないでしょうか。

死者はたんなる他者ではない。

先祖はたんなる他者の別名などでもない。

他者とは、いったい何者のことか。

と。

しかし、このような柳田や折口が発したであろう嘆きの声は、今日、まことに残念ながらとても弱々しい。それどころか、どこからもきこえてはこないような気がします。それに代わって登場してきたのが「他者」という名の仮面のような存在です。いや、一種の現代に生きのびてきた「亡者」の別名のように映らないではない。目出し帽をかぶった亡者のような仮面、それが今日、われわれの社会の周辺に朝な夕なに登場してくるようになりました。端的にいって、近代という地獄の釜の蓋が開けば、当然そのような事態になるのは予想されたことでした。

ここで、ぜひともふれておきたいことがあります。さきの暁斎の思想を受けつぐかのような現代「九相図」の企てについてです。死の現実に、あらためて人々の眼をひきつけずにはおかない果敢な仕事といっていいでしょう。

二つの事例をとりあげます。この事実に注目し、それを現代の「死者」の課題に結びつけて論じたのがさきの山本聡美氏でした。伝統的な「九相図」の歴史的な意味を問い、鋭い分析を加えてきた美術史家です。

氏のあげる二つの実例というのが現代画家のもので、

山口晃《やまぐちあきら》氏の「九相圖」

松井《まつい》冬子《ふゆこ》氏の「浄相の持続」

です。この二人の作品の登場を山本氏は、「現代によみがえる九相図」、「受け継がれる九相図」と呼んでいます。本来の「九相図」の実現が、「ヒトの死」という根元的な主題とともに長いあいだ埋もれていたからでした。「九相図」をめぐる歴史的な記憶をいま蘇《よみがえ》らせなければ、われわれは重大な遺産を失なってしまうという危機感と、そして使命感に発するものだったにちがいありません。

それが私の目には、たんなる「他者」からの「死者の奪還」作戦のように映ります。現実の死者の運命を抽象的な他者観念から救済する運動のようにも映ります。そしてその背景からは、この死者から先祖への道のりははるかに遠い、そこにたどりつくためにはさらに困難な障壁が横たわっているという断腸の思いまでがにじんでいます。

まず山口晃（一九六九〜）の「九相圖」ですが、原図は高橋コレクション蔵、二〇〇三年、カンヴァスに油彩、縦七三cm、横二四四cm、とあります。この作家は、暁斎という稀《け》有《う》の才能を高く評価して、日本の美術史がこの人物を中心に据えなかった「不幸」について語っています。氏の仕事が暁斎のそれの延長上にあったことが、このことからもうかがえます。

野っ原に、バイクと馬がひっつき、打ち棄《す》てられている。それがくっついたまま徐々に朽ちはてていく様子が十一の場面で描かれている。「九相図」の展開そのままであり、現代的な「地獄変相図」といってもいいでしょう。二つの場面だけが、腐乱し解体していくプロセスを生々しく描いている。いななく馬を乗り廻《まわ》す若者、瀕死《ひんし》の馬と飼い主の別れの場面である。しかし他の九場面では、伝統的な「九相図」さながらに、錆《さ》びついた金属の破片、有機物の腐敗、無機物の腐蝕《ふしょく》を交えて朽ちはて解体していく姿がリアルに写されていきます。

画面の全体は散乱とカオスの度を加え、正視に耐えない情景がつづく。ヒトが機械に淫し、機械がヒトにたわむれ、ともに終末にむかう運命を暗示する。ここにあるのはもはやヒトの白骨化の過程などではない。ヒトの骨片、機械の破片の無雑作な同一化の過程です。生ゴミと機械片との混融、合体の戯画です。ヒトとモノの境目に亀裂を入れることすらがかなわない。物質文明の悲鳴と、人間の断末魔の声がきこえてくるだけ。なるほど、現代の九相図とはこのようなものかと、背筋が寒くなります。作者の視線が暁斎のそれの一歩さきをいっていると思わないわけにはいかない。

他者とはまさに、馬と乗り手とバイクが一体となって崩壊していく終末そのもののイメージだったのかと腑《ふ》に落ちます。そこには、白骨への関心も不浄や無常の感覚も、そして死者の海すらもすでにどこかに蒸発しているといっていいでしょう。

つぎに、松井冬子（一九七四〜）の「浄相の持続」、平野美術館寄託、二〇〇四年、絹本着色、縦二九・五㎝、横七九・三㎝。

「絹本着色」というのに胸を衝かれます。日本画の手法で、現代の「九相図」を描くというのであれば、それも当然の選択だったのかもしれません。画家はかねて連作としての

「九相図」を構想し、いくつかの作品をのこしています。なかでも、ここにあげる「浄相の持続」には意表を衝く主題が盛られ、見ていて肝がつぶれるような思いです。あえていってみますと、さきの山口氏の作品の主題が「機械」であったとすれば、この松井氏の方は「血と肉」ということになるかもしれません。女性のからだの内部にみなぎる血と肉、その危機意識です。

一人の若い女の美しい肉体が、咲き乱れる草花（百合、杜若《かきつばた》、牡丹《ぼたん》、桃、木蓮《もくれん》、毒茸など）に囲まれて横たえられています。ただ、この現代九相図においては、その伝統的な「九相図」本来の意味が反転されて、その女の腹が真一文字に裂かれ、その切り開かれた腹から剝き出しになった内臓が、それをつかみ出すような感触で鮮やかに描かれています。不浄に汚れる内臓を鮮烈な色彩で描くことで、「浄相」の再現にもっていこうとしているのかもしれません。その皮膚の内側には、躍動する生命の輝きが宿っている。

その横たわっている女性は、内臓や子宮、そしてそこに息づく胎児までをさらして、美しい瞳をこらしています。強い意思を放つ、鋭い眼差しで、こちらをじっとみつめている。作者の松井氏自身が、この作品を解説していっている。「この女は男に対するコンプレックスあるいは憎悪によって、自ら腹を切り裂き、赤児のいる子宮を見せびらかす」と（『松井冬子画集　二』エディシオン・トレヴィル、二〇〇八年）。

ここには、ヒトの死を通して、女の性（肉体）を切り裂いてでもみせつけようとする強烈な自己主張があります。死者の実相を一挙に裏返しにしてみせようとする意思です。それはまた、山口晃氏がヒトと機械と動物を一体化し、そのはてに朽ちていく姿を再現する企てを思い出させもします。氏もまた、死者をみつめる眼差しを瞬時も手離そうとしないことがわかります。この二人の現代作家が、「九相図」という伝統的な人間解体図を前提に仕事をはじめていたゆえんだといっていいでしょう。

もう一つ重ねていうと、この「平成」の日本社会がすでに「九相図」的世界観を捨て去り、死者そのものに立ちむかうことをあきらめていることへの異議申し立てのようにもみえる。さきの河鍋暁斎の「骸骨図」を山口・松井両氏の現代作品に結びつけようとした山本聡美氏の真の意図も、あるいはそこにあったのかもしれません。

私は本書のなかで、現代日本社会の現状をつぎのようなキャッチコピー的な標語でいくつかアトランダムに掲げておきました。

たとえば

多死孤独死社会、

無墓時代、寺院消滅つまり脱宗教化、脱寺院化社会

そして

家族葬、直葬、樹木葬、散骨葬
死後離婚、遺骨漂流、そして無葬

これらの標語のいったいどこに「死者」への入口がみつかるのでしょうか。「先祖」への手がかりをつかむ契機があるのでしょうか。自己の死、わがことの死を棚上げしたまま「死」をめぐる社会現象だけが肥大化し、ただ声高に報道されるようになりました。これまで日本人の死体観の底に「信仰嫌いの墓好き」「宗教嫌いの骨好き」が根づいたことをくり返しのべてきましたが、いつのまにかその中心軸であったはずの「墓好き」「骨好き」すらが大きく揺らぎはじめているのかもしれません。現代作家の山口晃、松井冬子両氏の仕事は、そのことをつぎにつづく世代がもつ予感とともにわれわれに伝えようとしているのでしょう。「死を思え、死者を凝視めよ」と。

東北再考

私はことし（二〇一七）の二月、東北に旅立ちました。その二十日の昼に宮城県の仙台空港に着いたとき、重苦しい雲がたれこめていました。

車で国道6号線を南下する。福島との県境をこえ相馬《そうま》、南相馬を通過して浪江《なみえ》町《まち》に入った。強い風が横なぐりに吹いていました。

そのとき浪江の地はまだ全町避難で、人けが感じられませんでした。請戸川《うけどがわ》河口近くの請戸小学校に行くと、六年前、津波に襲われ破壊されたままの惨状が、眼前に迫る。襲われる直前、教師らと児童八十三人の全員が約二キロ先の山に逃れて助かっていました。

中に入って二階に上る。教室の壁には時計がかかり、針が三時三八分あたりを指したままでした。地震の発生が午後二時四六分だったから、わずかのあいだに全員避難がおこなわれたにちがいありません。縁側に出て南の空を眺めると東京電力福島第一原発の排気筒とクレーンの先端がみえ、光が点滅していました。

小学校をあとに海辺に出る。樹々がなぎ倒されたあとの荒涼とした波打ち際、そこに破壊されつくしたかつての共同墓地があらわれました。横倒しになって四散した墓石が寒々とした姿をさらしている。ご遺骨はすでに回収され、高台の地に再埋葬されることになっているということでした。

けれども、その日がいつくるのか。原発被災の最前線、浪江の光景は六年前の傷だらけの肉体を剝き出しにしたままでした。ふと、思いおこす。原発事故の全貌と原子力政策の来し方行く末を検証し、研究する国際機関を創設しようとの構想がかつてありましたが、それはいったいどこにいったのか。またフクシマの「苦海浄土」をヒロシマの原爆ドームのような「観光地」にして永久保存しようとの企てもありました。その声がどこに消えたのか、もうどこからもきこえてはきません。

被災地では、行方不明者（おそらくは死者）の捜索が今なおつづけられています。それとともに「震災関連死」の難問が新たに浮上してきました。たとえば、さきの浪江町の「なみえ復興レポート」によれば、地震と津波による死者――１８２人、うち行方不明者31人、そして長引く避難生活による震災関連死４０３人、とあります。あれからほぼ六年の歳月が流れ、災害の記憶が薄れていくなかで、人知れず過酷な運命に翻弄されて世を去っていった死者たち、その姿がしだいにきわ立つようになったのです。

施設への避難行のなかで命を落とした高齢者、避難生活での疲労や持病の悪化、精神的なショックなどの災害が死因に影響したケース、田や畑を放射能で汚染され自死を選んだ犠牲者、下請けのきつい原発労働で命を縮めた人々……。

ところが、その「震災関連死」の認定をめぐって訴訟がいくつもおきている。判断は自治体にまかされているけれども、認定基準があいまいで地域によるバラツキがでている。すでにできあがっている「要介護高齢者」の例にならっていえば、まさに「要救済震災関連死」を制度化する政策が喫緊の課題になっているわけです。

なぜ、それをここで強調するのかというと、この国ではこれまで地震予知の研究のため相当な国家予算が投じられてきたことを思うからです。それは、はたしてバランスのとれた形で有効に使われてきたといえるのか。

たとえば阪神・淡路大震災では家がつぶれたり家具が倒れたりしたことによる「圧死」が死因の八割以上でした。そしてこんどの東日本大震災では、津波による犠牲者が九割を占めているといいます。しかも肝心かなめの地震の予知は「非常に困難」だと、震災後になって日本地震学会が公表しているではありませんか。

そのようなことを考えるとき、被災地の復興と存続に重大なかかわりをもつであろう「震災関連死」の課題に、この国がどれほどの配慮を示そうとしているのか疑わざるをえないのです。つまり多額の国家予算を地震研究の分野に投入する場合、まさに費用対効果という観点から、それがはたして適正なものだったのかどうか、真剣に考え直すべきときがきているということです。

もう一つ、3・11から六年の歳月をへて念頭を去らなかったことがあります。当時、被災地において小学生だった子どもたちの多くは、今は中学・高校生になっています。その成長の過程で、それぞれの過酷な災害体験がどのようなかたちで受けとめられ、内面化され、かれらの生き方に影と光の刻印をのこしているのかという問題です。

死の恐怖、多くの死体にじかにふれたときの衝撃、自然の脅威にたいする不安、肉親や友人との理不尽な別れ、家族や近隣共同体における葛藤や対立、それらのなかで悩み苦しむ次世代のために、大人の側で考えるべき文化や伝統の課題がいまや山積しているのではありませんか。そしてそれらのことについては、これまでもメディアや各方面でフラッシュバックのような心的外傷、あるいは「心」や「絆《きずな》」の回復物語などを通して指摘され、語られてはきました。

しかし今後はそれらの体験を次の世代に伝えていくため、この地震列島において太古から営々として築きあげてきたわれわれの先祖たちの知恵から謙虚に学ぶべきときがきているのではないでしょうか。先祖とはたんに家の維持と存続のためだけにあるのではない、たんに「骨」や「墓」に還元されてしまうものでもなかったことはいうまでもありません。それは、われわれの死生観の中心軸にふれ合う形でき上った独自の価値の源泉でした。それがひいては、この国の防災教育に真に力あるものになるであろうことを思わずにはいられないのです。

今ふたたびの柳田と折口

先祖と死者の影を追いつづけたような旅でした。千年にも及ぶこの国の歴史を追いかけたつもりだったのですが、その結果、何が見えてきたのでしょうか。はなはだ心もとない苦渋の思いが胸元にこみあげてきます。

いま、あらためて柳田国男が敗戦直前の危機的な時期に『先祖の話』を書きあげていたことを思い出します。とりわけその巻末に、戦争のために死んでいった若者たちの運命を想像しつつ「七生報国」の一章を書き綴《つづ》っていた柳田の孤独な姿です。七たび生まれ変わってこの国に奉仕した「至誠純情なる多数の若者」たちにふれた文章でした。
　この言葉は、戦後になってしばしば誤解の種になりました。それにはもちろん、それを書いた柳田の側に責任がなかったとはいえませんが、柳田の真意はあくまでも、それにつづけて論じられているつぎのような言葉のなかにあったはずです。

　少なくとも国のために戦って死んだ若人だけは、何としてもこれを仏徒の言う無縁ぼとけの列に、疎外しておくわけにはいくまいと思う。

　たんなる「無縁仏」にしてはおけない、もしもそうであれば、死んだ若者たちをたんなる死者のまま打ち棄てることになるだろうという反省からでした。日常の暮しのなかで絶えることなく先祖として祀《まつ》りつづけることが不可欠であると主張したゆえんも、そこにあります。『先祖の話』が後世のために今こそ必要であると心に誓っていたであろう柳田国男の姿が浮かびます。
　その柳田の嘆きがいかに深かったかを思うとき、敗戦直後に書かれた折口信夫の詩「神やぶれたまふ」が自然に念頭に浮かんでくるのです。

神こゝに　敗れたまひぬ—。
すさのをも　おほくにぬしも
青垣の内《ウチ》つ御庭《ミニハ》の
　宮出で丶　さすらひたまふ—。

　くそ　嘔吐《タグリ》　ゆまり流れて
　蛆　蠅《ハヘ》の、集《タカ》り　群起《ムラダ》つ
直土《ヒタツチ》に—人は臥《コ》い伏《フ》し
青人草《アヲヒトグサ》　すべて色なし—。

　村も　野も　山も　一色《ヒトイロ》——
ひたすらに青みわたれど
たゞ虚し。青の一色
海　空もおなじ　青いろ—。
　……（略）

（『近代悲傷集』）

折口はこの「神　やぶれたまふ」を載せる『近代悲傷集』の巻末に「追ひ書き」を書いている。それによると、この作品は同じような傾向の『古代感愛集』とほぼ前後して編纂《へんさん》されたことがわかります。古代と近代に分けて編まれているのですから、あきらかに区別しているわけですが、私にはともに「万葉」の調べを基にしているように映ります。とりわけ『近代悲傷集』は近代の挽歌を指していることはいうまでもないことで、折口はまさに戦いに敗れたこの国の無数の「死者」たちへの鎮魂の意をこめて歌ったのにちがいありません。柳田国男が『先祖の話』を書いてこの国の「先祖」たちにたいしてつよい関心と慰霊鎮魂の思いをのべていたことを想起しないわけにはいきません。

それから、ほぼ戦後七十年と時間が経過しました。

柳田国男と折口信夫がこの「敗戦」という危機の前後に、あいついで先祖と死者の運命について思いをのべてからすでに半世紀が経って、いまこの国はいったいどのような状況におかれているのでしょうか。

グレーゾーンの時代を生きる

つい昨年（二〇一六）十二月のことでした。

私は、外出して家にもどったとき、外気との温度差のためか、つよいめまいに襲われ床に尻もちをついてしばらく起き上がれませんでした。やや落ち着いてから、かかりつけの医院にお願いし、CTスキャンとMRI（磁気共鳴画像装置）で脳と心臓の検査をしてもらいました。その結果、不整脈による軽い脳梗塞がみつかったのです。幸い、適切な手術と治療がおこなわれ、いまはもとの健康な状態にもどることができました。戦後半世紀のあいだ、人のいのちを助ける医学と医療がいかに長足の進歩をとげたか、身をもって知らされる貴重な体験でした。

CT機器の円形の小さな穴に頭を突っこんで検査をしてもらっているときでした。ふと、放射線治療と放射能汚染というコトバが頭に浮かびました。いま自分は放射線による検査を受けているけれども、場合によってはその放射性物質によって汚染されているかもしれない。検査と汚染が重なり合うグレーゾーンが、現実に自分の置かれている生存圏のなかにあると思ったのです。

さきごろ、首都圏に直下型地震が発生した場合、甚大な被害と犠牲が予測されるだろうという報道が流れるようになりました。その直前には南海トラフ地震により、最大で三〇メートルをこえる大津波が押し寄せるという予測もありました。列島全体に、一時的にではありましたが臨戦態勢さながらの緊張感が走ったばかりだった。

いつのまにかマスメディアがとりあげるキャッチフレーズが「想定外」から「最悪の事態」へとエスカレートしはじめている。それが専門家たちによるあれこれの確率予測とともにつみ重ねられ、不安と恐怖の相乗効果をいやが上にも盛りあげていく。最悪の事態に備えるという合言葉のもとに、われわれの生存の現実がそもそもグレーゾーンの中にあるという常識が打ち消されていく……。しかし、すこし考えればわかることですが、この「最悪の事態」というコトバの中には、大量の死と死者の運命が含まれていたはずです。災害の確率発生予測にも被害総額の予測の中にも死と死者の問題がまちがいなくたたみこまれていたにもかかわらず、災害死と災害死者の問題について考慮する報道にはほとんど接することがなかったと思います。リアルな死を避けて、抽象的な数字を前面に立てた災害の予測報道がほとんどだったような気がします。死や死者の問題もまさにグレーゾーンの領域に封じこまれているという感じだったのです。

いつごろだったか、「ゆらぎ」の現象をめぐり話題となった科学者や思想家がいたことを思いおこします。文明の度がすすみ、生活の変化が激しくなると、社会には無秩序、不安定、多様性、非平衡の現象がしのび寄ってくる。あらゆる場面に「ゆらぎ」の陽炎《かげろう》が立つ、というパラダイムや理論が流行しました。ところが、そのような発想はいつのまにか、「想定外」とか「最悪の事態」といった掛け声のもとに、あっというまにしぼんでしまったようにみえます。

そのころのことでしたが、未来学者のアルビン・トフラーがピンポン球の運動をとりあげて面白いことをいっていました。たとえば百万個の白いピンポン球と、同じ数の黒いピンポン球とをガラス窓のついたタンクに入れて交ぜ合わせると、乱雑に挑ね回っているうちにこのピンポン球の集団は灰色にみえるようになる。ところが、ガラス窓を通して観察しているうちに、それが黒か白にみえるときが不規則に生ずる。窓の近くのピンポン球が、分布に応じて黒や白にみえるのである、と。

一般的には灰色にみえるはずですが、ときに想定外に、不規則に黒か白かに分かれてみえるというわけです。それが最悪の事態か最善の状態かは、観察する側の主観のいかんによるということになるのでしょう。そしてこれが私の目には、さきの放射線検査か放射能汚染かの、いってみれば不安の二元論に重なってみえるのです。常識的な生活感覚としてはグレーゾーンを生きることで気分がせっかく安定しているのに、ときに黒か白か、あれかこれかの選択をつきつけられて神経を脅かされる。「最悪の事態」などといわれて不安神経症につき落とされる。

ここで少々リクツをいえば、西欧型の近代文明では、そもそも世界とは混沌《こんとん》から秩序にむかって発展進化をとげてきた、という常識がありました。カオスからコスモスへ、という思考のベクトルがいつもはたらいていたように思います。宇宙の創造を語る神話がそうであるし、世界や社会の形成を分析する自然科学や社会科学がそうでした。そしてそのような思考様式の背景にひそんでいたのが、頭では秩序志向、しかし感情レベルでは混沌への恐怖、というものだったのではないでしょうか。

ところが、これにたいしてアジア的な思考様式ではどうだったでしょうか。おそらくカオスという状態はかならずしも負の価値を帯びているわけではなかったということに気づくはずです。たとえば無や虚空や混沌の中には、じつは秩序世界を支える根源的なエネルギーが息づいている、と考えられてきたふしがあるからです。端的に、仏教や老荘の思想がそのような考えにもとづいて形成されてきたということがわかります。

そういう見取図を念頭において死と死者の問題を考えるとき、それをわれわれはどのように位置づけてきたのだろうか、ということになるのではないでしょうか。死と死者を混沌から秩序へという思考ベクトルの中で考えるのか、それとも逆に秩序から混沌へという思考ベクトルの中で位置づけるのか、ということです。

しかし、死と死者を混沌の中に位置づけようとするとき、われわれはたちまち恐怖に直面するのではないか。逆に秩序の中にそれを位置づけようとするときは、こんどはおそらくそんなことは荒唐無稽の企て、として一笑に付されることになるでしょう。それがそもそも、われわれの近代というものだからです。死と死者の問題を秩序の中にも混沌の中にも位置づけることができない、そのどちらをも選択できない、まさに近代のグレーゾーンで生きているのがわれわれの宿命だからです。さきに紹介した山口晃氏と松井冬子氏が描いた「九相図」の現代変相図がそのことを明らかにしているのではないでしょうか。死と死体の行き先きが不分明なままグレーゾーンの中に中途半端な形で投げ出されているようにみえるからです。死者の居場所がどこにもみつけることができない、そんな声、声が、どこからともなく、絶えまなくきこえてきているではありませんか。

からだを土の中に埋めもどす

七年前のことでした。書家の榊莫山《さかきばくざん》氏とお目にかかる機会がありました。その対談の席上で、莫山さんはまったく唐突に、自分はいま「土」という字を毎日のように書いていると発言されたのです。書家として最後の仕事だ、というぐらいの意気ごみだったような気がします。連日のように、大きな和紙にむかって土、土、土……と書きつづけているといわれたのです。

はじめはあっけにとられ、やがて、ああそうかと思いながらきいておりましたが、そのうち話がまったく意外な方向にのびていって、虚をつかれたのです。突然、「土」という字を書く場合の、これまでのわれわれが慣れ親しんできた筆順は根本的に間違っていると主張されたからでした。ふつうわれわれは誰でも、「土」という字を書くときの筆順は、まずヨコ一文字を書いたあと、タテに垂線を下ろし、ふたたび底辺のヨコ一文字を引いて「土」の字を仕上げる。ところが、まさにそのやり方こそが根本的におかしい、つまらないのだ、とおっしゃる。それにたいして本当の「土」の書き方は、そのタテに下ろす垂線を、逆に下から上方に突き上げるようにして書かなければいけない。なぜなら地上の一切の草や木、そして森林のすべては、土の中から芽生え、土の表面を突き破って成長し、枝や葉を茂らせ、花を咲かせるからだ。その土そのものから発する生命エネルギーの勢いを表現するためには、下から上へとロケットのように逆噴射させる要領で書かなければならないではないか。ただ上から下に書き下ろしてすますわけにはいかないのである……。

私は一瞬、われを忘れて莫山さんの確信にみちた顔をみていました。弘法大師《こうぼうだいし》もびっくり仰天するような話だったからです。まさに気宇壮大な話でした。しかしそれにしても、その土という字のタテの一文字を、いったいどのように下から上に書きあげたらよいのか。その筆遣いやいかに……。そのためには至難の技を要するのではないかと疑い、ますます好奇の心がつのったのです。けれども莫山さんは、そのうち個展を開くつもりであるといって手の内をみせてはくれませんでした。残念ながらそののち莫山さんはお亡くなりになり、死者の仲間に入っていかれました。

私はかねて、死んだあとは散骨にして山野河海にまいてほしいと願ってきました。散骨でありますから、もちろん火葬にするのが前提になります。けれども榊莫山さんから「土」の字の話をきいてからは、火の助けを借りずに土の中にそのまま埋めもどしてもらうのも悪くはないな、と思うようになりました。昔ながらの土葬です。そうすれば自分のからだが土の中に分解し、やがて草木を生長させる上昇エネルギーとなって、ふたたび地上に蘇る。楽しい妄想がひろがりはじめたのです。

からだを土の中に埋めもどすには、いま邪魔者あつかいされている森林の間伐材をお棺にして、その中に入れればよい。それに現代、われわれの社会はそろそろ化石燃料への過度の依存から転換しなければならないところにきています。そのような方向にわれわれの社会の舵《かじ》を切れば、ライフスタイルそのものの側から自然との新しい共生関係が生まれ、それこそ生者と死者をめぐる循環再生のサイクルを創りだすことができるでしょう。

死者の居場所を、かならずしもさきにのべた混沌から秩序へのコースにのせるのではない。さりとてまた死者の行き先を、逆に秩序から混沌へのコースに位置づけるのでもない。そうではなくて、大地そのものを象徴する「土」の中に死者たちへの道を通す、その大地と樹林の下に送り返す、そのことで循環・再生へとむかう死者たちの旅路を定めるのです。おそらく、われわれの先祖たちはこうして原始古代から、そのような風葬とも呼ばれる根元的なしきたりのなかで、それぞれ自分たちの最後の居場所をみつけてきたのです。

これでようやく、この『死者と先祖の話』に終幕を告げて、あとはベルを押すだけになりましたが、その前に、ここでどうしても語っておきたいことがあります。その話をぜひとも聞いていただきたいのです。

『黒い雨』と「白骨の御文」

井伏鱒二《いぶせますじ》の『黒い雨』を読んだのがいつだったか、今ではもう思い出せません。広島の原爆体験を小説にしたものでした。その読後の鮮烈な印象がずっと後まで尾を引いていました。この作品はいつのまにか「反戦文学」の傑作とうたわれ、「原爆小説」の名作としてゆるぎない評価をえていたのです。

それが野間文芸賞を受けたのが昭和四十一年（一九六六）です。選考委員は石坂洋次郎《いしざかようじろう》、伊藤整《いとうせい》、井上靖《いのうえやすし》、大岡昇平《おおおかしょうへい》、河上徹太郎《かわかみてつたろう》、中島健蔵《なかじまけんぞう》、中村光夫《なかむらみつお》、丹羽文雄《にわふみお》、舟橋聖一《ふなはしせいいち》でした。いち早くジョン・ベスター（John Bester）の英訳もでき、それが呼び水になって、アメリカで全米図書館協会の年間優秀図書に選ばれました。

私は長いあいだそのような文壇的な定説を、世間的な常識として受け入れていました。「反戦文学」とか「原爆小説」という分野における稀有の達成だと思っていたのです。ところが、それから時が経ち、はるか後年になってから、私の心のうちにある異変がおこりました。平成三年（一九九一）のことです。この年、私はたまたまアメリカ人のロジャーズ夫妻による一冊の本を手に、驚きを新たにしたからでした。それが『蓮如―浄土真宗の中興者』（Minor L. Rogers and Ann.T.Rogers：RENNYO-The Second Founder of Shin

Buddhism-with a Translation of his letters, Asian Humanities Press, Berkeley, California,1991）という本との出会いだったのです。

著者の一人マイナー・ロジャーズはハーバード大学で日本の文化と歴史を学び、その過程で蓮如《れんによ》とめぐり合う。蓮如は本願寺《ほんがんじ》第八代の法主《ほっしゅ》。十五世紀、応仁《おうにん》の乱の時代に活躍し、今日の本願寺教団の基礎をつくった。また「御文《おふみ》」（または御文章《ごぶんしょう》）と呼ばれる書簡形式の伝道文書をつくったことでも知られています。かれが大衆宗教家として成功するきっかけとなった文書ですが、その中でもっとも有名なのが「白骨の御文」でした。

さきのマイナー・ロジャーズはやがて日本仏教の研究でハーバード大学から学位をえていますが、その後夫人のアンとともに来日し、二人で蓮如の研究に没頭します。その成果が『蓮如—浄土真宗の中興者』となったのでした。私がその書物の存在を知ったのは、ある学会誌に書評を頼まれたからでした。偶然の機会だったのですが、読みすすめていくうちに著者が井伏の『黒い雨』に言及していることに惹きつけられていきました。この小説のなかに、蓮如の書いた「白骨の御文」がくり返し登場してくることに着目し、新鮮な議論を展開している。その「白骨の御文」こそは、蓮如による現代への重要な遺産ではないかといっていたのです。

『黒い雨』と「白骨の御文」の深い結びつき——その点につよい光をあてようとしているロジャーズ氏の視線に私は驚かされた。いったいこれまでに、誰がそういうことをいったのか。その点に気づいた人間は、この日本列島に一人もいなかったのではないか。いや、たとえ気がついたとしても、それを『黒い雨』論として展開した文章は、おそらく一つもなかったのではないか。よしんばあったとしても、そのような声は「原爆小説」「反戦文学」という一様な大合唱の声にかき消されて、われわれの耳に届くことはなかったにちがいないと思ったのです。

『黒い雨』には主人公の閑間《しずま》重松《しげまつ》と妻シゲ子、それに姪《めい》の矢須子《やすこ》が登場してくる。原爆投下の日、重松は横川《よこがわ》駅にいて被爆したが、シゲ子は自宅にいて無事だった。矢須子は工場の仕事にでかけ、爆心地から離れていた。だが、やがてその矢須子が発病し、たまたまちあがっていた縁談がこわれる。小説は、そのかの女の皮肉な運命をめぐって展開していく。

じつはこの作品には、主人公の閑間重松が「坊さんの代り」になって死者の弔いをする場面が出てきます。勤めていた繊維関係の工場で、原爆投下の翌日に死者が出たからだった。死体の処理や火葬の手配をしているうち、工場長に呼ばれ、お経をあげて略式の葬儀をやるようにいわれる。重松は返答に窮するが、いわれるままある真宗寺院を訪れて読経の作法を教えられ、「坊さんの代り」の仕事をするようになります。

広島は安芸《あき》門徒で知られる地域です。葬式のときは「三帰戒《さんきかい》」「開経偈《かいきようげ》」「讃仏偈《さんぶつげ》」の順に読み、そのあと長文の「阿弥陀経《あみだきよう》」を唱える。その間に、参集者の焼香、最後に蓮如の

「白骨の御文」が読みあげられる。重松もその方式にならって、ノートをみながら読経をはじめます。読み間違いをしながら、しだいに慣れていく。ときには死者の家族や看護した者がお布施《ふせ》を包んでくる。女事務員たちがかれの読経の声をききにくる。なかには「白骨の御文」を筆記させてほしいという者まであらわれる。

死体を莚《むしろ》に移し、リヤカーにのせて川原に行く。そこにはいくつも穴ぼこが掘ってあって、髑髏《しゃれこうべ》がのぞいてみえる。その場でも重松は「三帰戒」を読み、「白骨の御文章」を唱えた。「それ、人間の浮生《ふしょう》なる相をつらつら観ずるに……」からはじまる。その中から悲傷の言葉が流れ出てくる。

我やさき、人やさき、けふともしらず、あすともしらず、おくれさきだつ人はもとのしづく、すゑの露よりもしげしといへり。されば、あしたには紅顔ありて、夕には白骨となれる身なり……。

それをききながら、参集者が涙ぐんでいる。唱えている重松自身が大きな感情の渦のなかに引きこまれていく。死んでいく者を介抱した者、工場の炊事婦たちが感きわまり、涙ながらに感謝の言葉をのべて去っていく。

そんななか、重松は石炭調達のため駆けずり回っていた。ある村に入り、歩いていくと浅瀬があった。川原に降りると行き倒れがいて、白目を剝き、腹部がかすかに波打っている。それを横目に「我やさき、人やさき、けふともしらず、あすともしらず……」と唱えながら、浅瀬を渡っていった。

やがて、八月十五日の敗戦がきて、この小説は終わる。

『黒い雨』からは、累々たる無数の死者の姿が浮かびあがってきます。その無数の死者たちのあいだから「白骨の御文章」の旋律が、閑間重松の口を通して通奏低音のようにもれてきます。あえていえば『黒い雨』という小説の重要なテーマが、そのような通奏低音のなかに融《と》かしこまれてきこえてくる。それこそ『黒い雨』という作品の底に沈澱《ちんでん》している声なき声の悲痛な発現だったのではないでしょうか。

けれども、そのような声なき声の悲痛な発現を封じこめた「白骨の御文」に耳を傾ける人びとが、これまでどれだけいたのか。その「御文」に流れる慟哭《どうこく》の通奏低音に着目する文学の言葉が、どれほどあったでしょうか。

この、最後の今わの際になって一抹の不安にかられ、この国の人びとの前途の多難を思わないわけにはいかない、ただそのことだけを最後の最後に告白して、この死者と先祖をめぐる物語をしめくくりたいと思います。

終の長詩

朝　陽があがる
　家を出る
　　歩く　歩く　歩く
前方に　比叡《ひえい》の山なみが見える
後方に　東寺《とうじ》の五重塔が見える
昭和ヒトケタの足腰は　心もとない
　きしむ　痛む　きしむ　痛む
　　歩く　歩く　歩く
少年のころ　東京の下町にいた
そこは　墨田《すみだ》区

震災記念堂のそば近く
暑い日　寒い日　その広場で遊んでいた
うす暗い石室の　冷たい壁の内部にもぐりこんだ
悲惨な遺体　遺体　数知れない写真が並ぶ
遺品　遺品　の列がつづく
死んでいった人々の苦悶《くもん》の記憶　記録
血の痕跡　悲鳴　絶叫の声　声なき声……

近くの国技館で　双葉山《ふたばやま》の六十九連勝
そして　安芸ノ海《あきうみ》に敗れた　敗れた……
遠くの劇場で　三浦環《みうらたまき》の「蝶々夫人」
―ある晴れた日に……

そこへ戦争が　突然　やってきた

悲しいときが流れた
欠乏とひもじい時代が流れた

昭和二十年三月十日　東京大空襲
　震災記念堂の広場が　ふたたび
　　火の海　血の河　死骸の山　山　山……
東京に父だけのこし　母と弟たちとともに
　東北のふるさとに疎開した
敗戦　旧制中学二年生　その田舎の記憶
　半身が軍国少年
あとの半身が　民主主義少年
ヒロシマに「黒い雨」が降った
ヒロシマ　ナガサキ　そしてヒロシマ
　「黒い雨」が降った
オキナワでは

激しい　激しい　「鉄の雨」が降っていた
ヒトを突き刺す「鉄の雨」
　雨　雨……

オキナワで
「鉄の雨」が降り
ヒロシマ　ナガサキで
「黒い雨」が降り

無神論者になっていた

実家は　田舎の寺だった
ただ　後を継ぐだけの異形の者
呪うべき　宗門の子
マルクス少年

黒い雨は降らなかった

鉄の雨も降らなかった

東北の田舎から　京都に
はじめて上る
上る　上る　上る
本願寺《ほんがんじ》の大伽藍《だいがらん》
天空を突いて立っている　空を覆っている

得度　頭を剃《そ》り　黒衣をまとう

マルクス少年　転向の季節

歩く　歩く　歩く　時間を歩く
歩く　歩く　歩く　歴史を歩く
　今　ここ　大伽藍を　右に見ながら
歩く　歩く　歩く

左に眺めながら
歩く　歩く　歩く

ああ　半世紀
時間が跳んでいく　時間がさざ波を立てて
過ぎていく　奔流のように走っていく

ふと　ヒロシマの「黒い雨」が降ってくる
ヒタ　ヒタと額を打つ
ヒタ　ヒタ　と目蓋をぬらす

オキナワの「鉄の雨」が混る
ズキ　ズキと　胸を刺す
ズキ　ズキ　と　頭蓋をつらぬく

黒い雨……
鉄の雨……

妄想のなか
にわか仕立ての坊主が　ヒロシマの街区にあらわれた　死体のあいだをさ迷い歩いてい
る　死骸のあいだを歩いている
歩く　歩く　歩く……
口にブツ　ブツ　唱えている　ブツブツ
唱える　唱える　唱える

「我やさき　人やさき　きょうともしらず　あすともしらず
おくれさきだつ人は　もとのしずく　すえの露よりもしげしといえり
されば　朝《あした》には紅顔ありて　夕には白骨となれる身なり……」

我やさき　人やさき
朝には紅顔　夕には白骨

きょうともしらず
あすともしらず

朝には紅顔　紅顔　紅顔……
夕には　白骨　白骨　白骨……

大伽藍の中　本堂の内　ひとり座る
　座る　座る　座る
戦後七十年　歩く　歩く　歩く

墓はいらない
葬もいらない
骨もいらない

白骨を土にもどす　骨の粉を上にまく
　我やさき　人やさき
骨を大地にもどす　骨の粉を大地にまく
　朝には紅顔　夕には白骨

大地にもどす　大地にもどす

土に還《かえ》す　土に還す

歩く　歩く　歩く

骨は灰になり
骨は灰になり

灰は　土に融《と》け　土に融け
種が芽生え　種が芽生え
　草となり　樹となり　林になり　森になり
枝が出る　枝が出て　茂る　茂る

枝葉のさきに　花をつけ　花をつけ
　花をつけ

歩く　歩く　歩く

〈関連年表〉

年	号	主な出来事
五三八	欽明七	百済の聖明王、日本へ仏像と経論・仏具などを献上（仏教公伝、『上宮聖徳法王帝説』）。
五八八	崇峻元	百済王、日本へ仏舎利を献上し、僧・寺工を貢上する。
五九四	推古二	二月、仏教興隆の詔。
六〇四	推古一二	四月、厩戸王（聖徳太子）、憲法十七条をつくり、三宝を敬うべきことなどを定める。
七一〇	和銅三	三月、平城遷都。
七四〇	天平一二	九月、藤原広嗣、吉備真備・僧正玄昉の処分を求め、九州の大宰府で挙兵（藤原広嗣の乱）。
七四一	天平一三	二月、国分寺・国分尼寺建立の詔。
七五四	天平勝宝六	一月、鑑真、唐より来日。律宗を伝え、仏舎利三千粒をもたらす。
七九四	延暦一三	一〇月、平安遷都。
八〇四	延暦二三	七月、最澄・空海、遣唐使船にて唐を目指す。
八六三	貞観五	五月、京都・神泉苑で御霊会を修し、崇道天皇、伊予親王、藤原吉子、橘逸勢らの霊を祀る。
九八五	寛和元	四月、源信、『往生要集』をあらわす。
九八六	寛和二	源信、弟子・慶滋保胤らとともに、念仏結社「二十五三昧会」をつくる。
九八八	永延二	源信、「二十五三昧起請十二箇条」を撰す。
一〇五二	永承七	三月、藤原頼通、宇治の別業を仏寺とし平等院と号す。
一一七五	安元元	法然、専修念仏を唱え、比叡山を下る。

一一八五	元暦二	三月、長門壇ノ浦で平氏滅亡。一一月、源頼朝が全国に守護、地頭をおく。
一一九一	建久二	七月、栄西、宋より帰国し臨済禅を伝える。
一一九二	建久三	七月、源頼朝、征夷大将軍となる。
一二二四	元仁元	このころ、親鸞、浄土真宗の根本聖典となる『教行信証』をあらわす。
一二二七	安貞元	一月、道元、宋より帰国し曹洞禅を伝える。
一二五三	建長五	四月、日蓮、安房清澄寺にはじめて法華題目を唱える。
一二七九	弘安二	一遍、踊り念仏を開始。
一三三六	建武三	八月、足利尊氏、光明天皇を擁立（北朝）、幕府をひらき『建武式目』を制定する。一二月、後醍醐天皇、吉野に逃れる（南北朝両統迭立）。
一四五七	康正三	一休宗純、法語『骸骨』をあらわす。
一四六七	応仁元	一月、畠山義就、上御霊社で畠山政長を破る（応仁・文明の乱はじまる）。
一四七一	文明三	七月、蓮如、越前吉崎に道場を建てる。
一四七九	文明一一	四月、蓮如、山科本願寺を建立。
一四八八	長享二	六月、加賀一向一揆、守護の富樫政親を自害させる（以来、約一世紀にわたり一国を支配）。
一五四九	天文一八	七月、フランシスコ・ザビエル、鹿児島に上陸しキリスト教を伝える。
一六〇三	慶長八	二月、徳川家康、征夷大将軍に任じられ江戸に幕府をひらく。
一六八九	元禄二	三月、松尾芭蕉、門人曾良を伴って江戸深川を立ち「おくのほそ道」の旅に出る。
一七〇三	元禄一六	五月、近松世話浄瑠璃『曾根崎心中』竹本座初演。
一七〇二	元禄一五	『おくのほそ道』刊行される。
一八二六	文政九	頼山陽、『日本外史』を完成させる（翌年五月、松平定信へ献上）。

一八三一	天保二	絵師・河鍋暁斎生まれる（〜一八八九）。
一八五三	嘉永六	六月、ペリー浦賀来航。
一八六七	慶応三	一月、陸仁親王（明治天皇）践祚。一〇月、大政奉還。
一八六八	慶応四	一月、戊辰戦争始まる。三月、神仏分離令（以後、仏教弾圧運動がおこり、寺院・仏像などが各地で破却される）。四月、討幕軍が江戸入城し、江戸無血開城。
一八六九	明治二	六月、九段に招魂社が建立される。
一八七九	明治一二	六月、東京招魂社が「靖国神社」へ改称される。
一八九四	明治二七	七月、日清戦争起こる（翌年三月終結）。
一九〇四	明治三七	二月、日露戦争起こる（翌年九月終結）。
一九一〇	明治四三	柳田国男、『遠野物語』『時代ト農政』を刊行。
一九一四	大正三	第一次世界大戦勃発。
一九二三	大正一二	九月、関東大震災起こる。
一九二六	大正一五	折口信夫、論文「餓鬼阿弥蘇生譚」を発表。
一九二九	昭和四	柳田国男、論文「葬制の沿革について」を発表。
一九三一	昭和六	九月、柳条湖事件起こる（満州事変の開始）。
一九三五	昭和一〇	自由律の俳人・下山逸蒼、在米三三年の放浪の後、サンフランシスコで亡くなる。
一九三七	昭和一二	七月、盧溝橋事件起こる（日中戦争開始）。
一九三九	昭和一四	折口信夫、一月から三月にかけて雑誌「日本評論」に『死者の書』を連載（一九四三年に青磁社より単行本刊行）。四月、各地の招魂社が「護国神社」へ改称される。この年、独軍がポーランドへ侵攻、第二次世界大戦始まる。歌謡曲「九段の母」発売される。

一九四一	昭和一六	一二月、日本、アメリカ・イギリスに宣戦布告、ハワイ真珠湾を攻撃する（アジア太平洋戦争開始）。
一九四二	昭和一七	一月、日本軍、マニラ占領。二月、シンガポール占領。六月、ミッドウェイ海戦。八月、米軍、ガダルカナル島に上陸し反攻を開始する。
一九四三	昭和一八	二月、日本軍、ガダルカナル島から撤退開始。五月、アッツ島の日本守備隊が全滅する。一〇月、明治神宮外苑競技場にて出陣学徒壮行会行われる。一二月、第一次学徒出陣。
一九四四	昭和一九	六月、マリアナ沖海戦。七月、サイパン島陥落。一〇月、レイテ沖海戦。神風特別攻撃隊出撃。
一九四五	昭和二〇	三月、東京大空襲。四月、沖縄戦開始。柳田国男、同月上旬から五月にかけて『先祖の話』を執筆（翌年四月、筑摩書房より単行本刊行）。八月、広島・長崎に原子爆弾投下される。ソ連が対日参戦。ポツダム宣言受諾を決定。昭和天皇による玉音放送が行われる。九月、降伏文書調印。
一九四六	昭和二一	一月、天皇人間宣言。五月、極東国際軍事裁判（東京裁判）始まる。一一月、日本国憲法公布される（翌年五月施行）。
一九四八	昭和二三	一二月、A級戦犯の東条英機他六名が処刑される。
一九五〇	昭和二五	六月、朝鮮戦争勃発。
一九五一	昭和二六	九月、サンフランシスコ講和条約調印（翌年四月発効し、連合国による日本占領終了）。
一九五二	昭和二七	六月、衆議院にて遺骨収集、送還の決議が採択される。
一九五三	昭和二八	一二月、『世紀の遺書』（巣鴨遺書編纂会 編）刊行される。

一九五五	昭和三〇	一一月、東京駅丸の内中央郵便局前に「愛（アガペー）の像」が設置され、除幕式が行われる。
一九五七	昭和三二	三月、歌謡曲「東京だョおっ母さん」発売される。
一九六〇	昭和三五	一月、日米新安保条約・新行政協定調印。
一九六四	昭和三九	一〇月、東京―新大阪間に東海道新幹線開通。東京オリンピック開催される。
一九六五	昭和四〇	米国、ベトナム北爆開始。中国で文化大革命はじまる。
一九六六	昭和四一	井伏鱒二『黒い雨』刊行される（第一九回野間文芸賞）。
一九七〇	昭和四五	三月、大阪万博開催される。
一九七一	昭和四六	六月、沖縄返還協定調印（翌年五月、沖縄県発足）。
一九七二	昭和四七	二月、札幌冬季オリンピックはじまる。連合赤軍による浅間山荘事件起こる。
一九七六	昭和五一	七月、ロッキード事件で田中角栄前首相が逮捕される。
一九七九	昭和五四	二月、『昭和万葉集』の刊行はじまる（八〇年一一月まで）。
一九八四	昭和五九	八月、『復刻 世紀の遺書』（講談社）刊行される。
一九八五	昭和六〇	八月、日航ジャンボ機が御巣鷹山に墜落。
一九九五	平成七	一月、阪神・淡路大震災起こる。三月、オウム真理教、地下鉄サリン事件を起こす。
二〇一一	平成二三	三月、東北地方太平洋沖地震（東日本大震災）起こる。
二〇一二	平成二四	一〇月、東京駅丸の内駅舎保存・復原工事（二〇〇七～）が終了。
二〇一六	平成二八	三月、「戦没者遺骨収集推進法」可決される。

本書は書き下ろしです

山折哲雄（やまおり・てつお）

1931年生まれ。宗教学者。東北大学文学部印度哲学科卒業。同大学文学部助教授、国立歴史民俗博物館教授、国際日本文化研究センター教授、同センター所長などを歴任。著書は『空海の企て——密教儀礼と国のかたち』『愛欲の精神史』（和辻哲郎文化賞）『「ひとり」の哲学』など多数。

角川選書 595

死者《ししゃ》と先祖《せんぞ》の話《はなし》

平成29年12月22日　初版発行
令和6年4月30日　4版発行

著　者／山折哲雄《やまおりてつお》

発行者／山下直久

発　行／株式会社KADOKAWA
〒102-8177　東京都千代田区富士見2-13-3
電話 0570-002-301（ナビダイヤル）

印刷所／株式会社KADOKAWA

製本所／株式会社KADOKAWA

装　丁／片岡忠彦　　帯デザイン／Zapp!

本書の無断複製（コピー、スキャン、デジタル化等）並びに
無断複製物の譲渡および配信は、著作権法上での例外を除き禁じられています。
また、本書を代行業者などの第三者に依頼して複製する行為は、
たとえ個人や家庭内での利用であっても一切認められておりません。

●お問い合わせ
https://www.kadokawa.co.jp/（「お問い合わせ」へお進みください）
※内容によっては、お答えできない場合があります。
※サポートは日本国内のみとさせていただきます。
※Japanese text only

定価はカバーに表示してあります。

©Tetsuo Yamaori 2017 Printed in Japan
ISBN978-4-04-703594-2 C0395
JASRAC 出 1713244-802

◆◇◇